이슬람
바로보기

일러두기

- 본문 중 아랍인 이름은 처음에만 이태릭체를 사용하여 구분했습니다.
- 아랍과 이스라엘의 인명, 지명은 실제 발음에 기초해 기재했습니다.
- 왕이나 칼리프는 생몰년도가 아닌 재위기간을 표시했습니다.

이슬람 바로보기

지은이 | 류모세
초판 발행 | 2010년 7월 22일
15쇄 발행 | 2019. 9. 3.
등록번호 | 제3-203호
등록된 곳 | 서울특별시 용산구 서빙고동 95번지
발행처 | 사단법인 두란노서원
영업부 | 2078-3333 FAX 080-749-3705
출판부 | 2078-3477

책값은 뒤표지에 있습니다.
- ISBN 978-89-531-1365-7 03230

편집부에서 독자의 의견을 기다립니다.
- tpress@duranno.com   http://www.Duranno.com

두란노서원은 바울 사도가 3차 전도여행 때 에베소에서 성령 받은 제자들을 따로 세워 하나님의 말씀으로 양육하던 장소입니다. 사도행전 19장 8-20절의 정신에 따라 첫째 목회자를 돕는 사역과 평신도를 훈련시키는 사역, 둘째 세계선교(TIM)와 문서선교(단행본·잡지) 사역, 셋째 예수문화 및 경배와 찬양 사역, 그리고 가정·상담 사역 등을 감당하고 있습니다. 1980년 12월 22일에 창립된 두란노서원은 주님 오실 때까지 이 사역들을 계속할 것입니다.

감추어진 이슬람 1500년 역사를 찾아서

이슬람 바로보기

류모세 지음

두란노

| 차례 |

프롤로그 ······ 6
우리 곁으로 성큼 다가온 이슬람을
어떻게 보아야 할까?

CHAPTER.01 중동은 정확히 어느 지역을 가리킬까? ······ 26
이슬람 역사 여정을 위한 준비 작업

CHAPTER.02 무엇이 이슬람 탄생을 가능하게 했을까? ······ 34
이슬람 탄생 이전의 아라비아 반도

CHAPTER.03 무함마드는 왜 아라비아 반도의 유대인들을 모두 쫓아냈을까? ······ 48
무함마드와 유대인

CHAPTER.04 이슬람 전사들은 어떻게 순식간에 3개 대륙을 정복했을까? ······ 64
정통 칼리프 시대

CHAPTER.05 아랍인은 왜 우마이야 세습 왕조에 알레르기 반응을 보였을까? ······ 80
우마이야 왕조

CHAPTER.06 압바스 왕조는 어떻게 찬란한 이슬람 문명의 꽃을 피울 수 있었을까? ······ 94
압바스 왕조와 유대인

CHAPTER.07 유럽 최초의 반격인 십자군 운동은 어떻게 가능했을까? ······ 106
셀주크, 파티마─아이유브, 십자군의 삼파전

CHAPTER.08 칭기즈칸의 몽골족은 왜 이슬람 제국을 초토화시켰을까? ······ 120
몽골 제국, 이를 막아낸 이집트의 맘루크

CHAPTER.09 최후이자 최대의 이슬람 제국인 오스만 터키는 어떻게 탄생했을까? ······ 130
오스만 터키의 발흥

CHAPTER.10 초강대국 오스만 터키는 왜 무너졌을까? ······ 146
격동의 16~18세기

CHAPTER.11 '동방 문제'란 무엇인가? …… 158
　　　　　　서구 열강들의 먹이가 된 오스만 터키

CHAPTER.12 1차 세계대전은 왜 오스만 터키 제국의 파멸을 가져왔을까? …… 168
　　　　　　1차 세계대전, 오스만 터키 제국의 파멸

CHAPTER.13 유엔은 왜 팔레스타인 분할안을 통과시켰을까? …… 180
　　　　　　영국의 팔레스타인 위임통치, 1917~1947년

CHAPTER.14 왜 이스라엘 독립선언과 함께 전쟁이 일어났을까? …… 194
　　　　　　1차 중동전쟁, 독립전쟁

CHAPTER.15 이집트의 수에즈 운하 국유화 선언은 왜 전쟁을 초래했을까? …… 204
　　　　　　2차 중동전쟁, 수에즈 전쟁

CHAPTER.16 이스라엘은 어떻게 불과 6일만에 국토를 5배나 확장할 수 있었을까? ……210
　　　　　　3차 중동전쟁, 6일 전쟁

CHAPTER.17 아랍의 맹주 이집트는 왜 졸지에 왕따가 되었을까? …… 220
　　　　　　4차 중동전쟁, 대속죄일 전쟁

CHAPTER.18 냉전 붕괴와 걸프 전쟁으로 중동국가들은 어떻게 변했을까? ……232
　　　　　　레바논 전쟁과 걸프 전쟁

CHAPTER.19 왜 아랍의 인티파다는 계속되고 있을까? ……240
　　　　　　오슬로 협정과 팔레스타인 자치정부 수립

에필로그 …… 252
평화롭게 공존하는
그날을 기대하며

참고문헌 …… 270

| 프롤로그 |

우리 곁으로 성큼 다가온 이슬람을 어떻게 보아야 할까?

10년이면 강산도 변한다(?)

2000년 2월 26일, 뉴 밀레니엄 시작과 거의 때를 맞추어 우리 가족의 이스라엘 생활도 시작되었다. 당시 네 살 된 아들 찬영이와 10개월 된 딸 현지 그리고 아내와 함께 시작된 이스라엘 생활도 벌써 10년을 훌쩍 넘겼다.

'10년이면 강산도 변한다'고 하는데, 그것은 한국에서나 통하는 얘기다. 내가 보아 온 이스라엘은 한 해를 넘기는 것과 함께 빠른 속도로 변해 갔다. 이스라엘은 1948년에 건국했지만 지금도 계속 국가를

만들어 가는 과정에 있다. 그도 그럴 것이 1세기 이후 사라진 나라가 2000년이 지난 20세기에 재탄생했고, 국민도 140여 개국에서 귀환한 다양한 색깔의 유대인들이 주류를 이루고 있으니 말이다. 이 안에서 살다 보면 전 세계에서 귀환한 유대인들이 서로 지지고 볶고 아우성대는 소리가 매 순간 끊이지 않는다.

어디 그뿐인가! 이스라엘은 건국과 함께 거의 10년에 한 번씩 주변 아랍국가들과 전면전을 치르면서 '파괴와 건설'이 반복되었다. 지금도 거리를 다니다 보면 곳곳이 건설 현장이다. 새로운 도로를 놓고, 새로운 이민자들을 위한 보금자리 주택을 짓는 데 한창이다.

내가 살고 있는 예루살렘은 주전 1000년, 다윗이 여부스족이 살던 도시를 점령해 '다윗 성'으로 바꾸고 통일 이스라엘의 수도로 삼으면서 이스라엘 역사의 본 무대로 들어왔다. 벌써 3000년의 역사를 훌쩍 넘긴 고풍스런 도시 예루살렘도 곳곳이 파헤쳐 놓은 도로들로 인해 외관이 말이 아니다. 극심한 교통체증을 해소하기 위해 경전철을

공사로 뒤집어 놓은 예루살렘의 도로

건설한답시고 그리 넓지도 않은 예루살렘 도로의 절반을 건설 현장으로 바꾸어 놓았기 때문이다.

한번은 우리 집 앞에 멀쩡하게 깔린 경전철의 철로를 다시 뜯는 공사가 한창이었다. 왜 다시 뜯느냐고 했더니 노선에 변경이 생겼다는 것이다. 예루살렘을 교통지옥으로 만든 경전철은 2008년 완공 예정이었으나 아직도 공사 중이다. 나 같은 이방인이 볼 때 도저히 그 완공 시점을 예상할 수 없어서 공사 현장의 인부에게 언제쯤 공사가 마무리되느냐고 물었더니 그 대답이 참으로 가관이다.

"메시아가 오시면 그때쯤 완공될 겁니다."

우물 안의 개구리와 역사의 사각지대

이스라엘로 온 가족이 오기 전 1999년 2월, 나는 터키를 거쳐서 이스라엘을 여행했다. 신혼여행 때 처음 비행기를 타 본 이후 두 번째로 타는 외국행 비행기였다. 여행은 가이드를 잘 만나야 한다는데, 그때 만난 터키의 가이드는 지금도 잊을 수가 없다. 터키와 이슬람의 역사 전체를 통으로 꿰어 이야기 보따리를 풀어 놓은 가이드는 내 눈에 경이로워 보이기까지 했다. 돌무더기 몇 개뿐인 소아시아 7대 교회의 순례도 각 교회들 간의 이동 거리가 길어서 꽤 오랫동안 버스를 타야 했는데 가이드가 풀어 놓는 이슬람 역사 보따리가 너무 재미있어서 전혀 지루한 줄 몰랐다.

그때 내가 충격을 받은 것은 단지 가이드의 해박한 역사 지식 때문만은 아니었다. 그토록 흥미진진한 이슬람 역사, 특별히 동서양 문명의 중간에 위치해 교량 역할을 한 이슬람 역사에 대해 내가 너무나

무지하다는 자각 때문이었다. 나름대로 역사에 관심이 많아 국사, 세계사에서 늘 좋은 점수를 받았고 역사 관련 서적도 꽤나 읽었다고 자부했는데, 도통 가이드가 설명해 주는 것이 내가 알고 있는 역사 지식과 '클릭'되는 것이 없었다.

자꾸 헛갈려서 사라센과 사산조 페르시아, 셀주크 투르크, 오스만 투르크 등의 관계를 묻고 또 묻고 해서 가이드를 귀찮게 했던 기억이 난다. 이런 혼동과 혼란은 비단 나에게만 국한되는 현상은 아닐 듯싶다.

그때 나는 '우물 안 개구리'라는 우리말 속담이 떠올랐다. 이 말처럼 역사관과 세계관을 잘 표현해 주는 친숙한 말이 또 있을까? 카(E. H. Carr)의 《역사란 무엇인가》와 같은 거창한 얘기를 하려는 게 아니다. 그저 한국인으로 태어나 정상적인 고등교육을 통해 형성된 역사관이란 것이 '우물 안 개구리'처럼 분명한 한계가 있을 수밖에 없음을 말하고 싶은 것이다.

모든 나라가 그렇듯이, 우리나라 정규과정의 역사교육도 국사와

세계사로 나뉜다. '국사'는 한국을 중심으로 동심원으로 그려지는 주변 국가들의 역사를 다룬다. '세계사'는 그리스, 로마, 유럽 역사를 중심으로 또 다른 동심원의 역사를 다룬다. 그런데 문제는 이런 두 개의 동심원 가운데 걸려들지 않는 '역사의 사각지대'가 있다는 것이다. 두 개의 동심원 사이에 위치한, 그래서 어디에도 걸려들지 않는 역사의 사각지대가 아라비아 반도를 중심으로 한 이슬람 역사다.

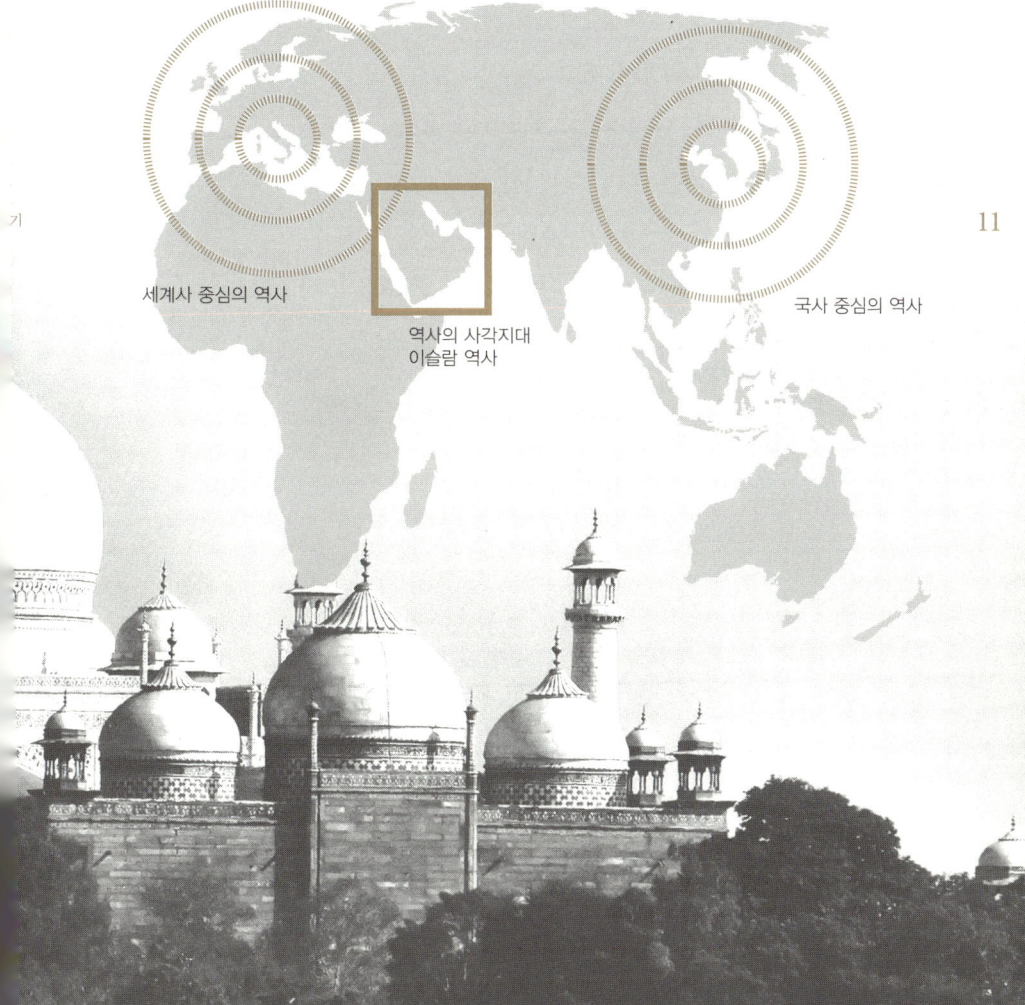

세계사 중심의 역사

역사의 사각지대
이슬람 역사

국사 중심의 역사

이슬람 역사가 역사의 사각지대로 남아 있는 것은 한국인뿐 아니라 유럽과 미국의 서구인들에게도 마찬가지다. 미국인들은 '미국이 곧 세계'라는 인식으로 인해 다른 나라의 역사에 대해 무지한 편이다. 언어도 영어 외에는 잘 할 줄 모르고 배우려고도 하지 않는다. 영어는 미국 사람들만의 언어가 아니라 세계 공용어니까 나와 의사소통을 하려면 네가 영어를 배워야 한다는 식의 사고가 미국인의 잠재의식 속에 깔려 있다. 그래서인지 미국에서 귀환한 유대인들은 히브리어를 잘 배우려고 하지 않고 속도도 무척 더디다.

올해 중학교 2학년인 아들 찬영이의 국사 교과서와 시험 문제지를 본 적이 있는데, 한마디로 '신선한 충격'이었다. 우리 역사교육의 사각지대에 속해 별로 친하지 않은 이슬람 역사가, 이스라엘 학교에서 공부하는 찬영이에게는 '국사'로 배우는 매우 친근한 역사였기 때문이다. 우리에게 삼국시대와 중국의 진시황제, 당나라 태종 등이 친숙하게 다가오듯이, 아들이 배우는 국사에는 이슬람 탄생부터 오스만

터키의 황금기를 이끈 술레이만 대제, 십자군을 격파한 아랍의 영웅 살라딘 등이 기본적인 역사 상식으로 각인되고 있었다.

9·11 테러, 이슬람에 관심을 갖기 시작한 분기점

우리뿐 아니라 전 세계 국민들에게서 잊혀진, 아니 사각지대에 속해 있어 감추어진 '이슬람'이 전 세계로부터 동시다발적인 주목과 관심을 받게 된 것은 분명 2001년에 일어난 9·11 테러 사건 이후부터다. 한국에서는 이라크에서의 김선일 살해사건, 아프가니스탄에서의 분당 샘물교회 봉사팀의 납치 등으로 이슬람에 대한 관심이 계속 이어졌다.

나는 히브리대학교의 유대인 친구한테서 9·11 테러 소식을 들었는데, 도서관에서 함께 동영상을 보면서 지금도 잊을 수 없는 충격과

전율에 빠졌다. 몇 번을 반복해서 보아도 이게 실제 일어난 사건인지 할리우드 블록버스터 영화 속의 한 장면인지 도저히 감을 잡을 수가 없었다.

  9·11 테러는 현대의 첨단기술과 문명의 이기가 복수심과 결합할 때 가공할 만한 폭력을 잉태할 수 있음을 잘 보여 준 사건이다. 아울러 아무리 작고 힘없는 민족도 절대강자의 급소에 치명적인 타격을 가할 수 있음을 보여 줬다. 미국인은 9·11 테러 이후 공황 상태에 빠졌고, 미국은 세계에서 가장 안전한 국가에서 한순간에 가장 위험한 국가가 되었다. 또한 미국 여권 소지자 역시 세계를 여행할 때 그런 위험부담을 고스란히 떠안아야 했다.

9·11 테러, 왜 이런 일이 일어났을까?

간단치 않은 이 질문에 대한 해답을 찾기 위해 학계에서는 이미 폐기 처분된 사무엘 헌팅턴 교수의 '문명충돌론'이 대두되기도 했다. 이러한 사고는 이슬람 문명 전체를 폭력과 테러 집단으로 보는 서구인들의 인식이 기저에 깔려 있다. 알-카에다와 같은 급진적 테러 조직은 이슬람 국가 내에서도 지지 기반이 극히 미약한 것을 볼 때 이들의 극단적인 대미 항쟁을 '이슬람 문명과 기독교 문명 간의 충돌'로 설명하는 것은 분명 지나친 비약이다.

9·11 테러는 겉으로 볼 때 이슬람의 극단적인 반미 감정의 표출, 미국을 중심으로 한 기독교 문명에 대한 증오로 보이지만, 그 핵심을 들여다보면 이스라엘과 팔레스타인 문제가 자리 잡고 있다. 테러범들이 유대 금융자본의 상징인 세계무역센터를 그 표적으로 삼은 것도 이러한 테러의 본질과 의도를 잘 보여 준다.

중동 지역 갈등의 핵, 이스라엘과 팔레스타인

　세계인의 관심은 점차 사건 현장인 미국 본토의 심장부인 맨해튼에서 지리적으로 상당히 떨어져 있는 중동의 한구석인 이스라엘과 팔레스타인으로 옮겨졌다. 그리고 두 민족 갈등의 핵심 쟁점인 뜨거운 감자 '예루살렘'으로 집중되었다.
　사실 9·11 테러가 발생하기 1년 전인 2000년 9월부터 예루살렘에는 미국의 심장부를 강타할 대재앙의 기운이 이미 싹트고 있었다. 2000년 2월에 도착해 예루살렘 거주민이 된 우리 가족은 그즈음 가까스로 동서남북을 가릴 정도가 되었다. 당시 이스라엘 야당 총재인 아리엘 샤론이 '성전산' 언덕의 알-악사 사원을 방문한 것을 기점으로 팔레스타인 민중의 항쟁이 본격적으로 시작되었다.
　'민중 봉기'를 뜻하는 아랍어인 '인티파다'(Intifada)는 이제 우리에게도 웬만큼 친숙한 시사용어가 되었다. 한국인들에게는 해외토픽 난에나

나오는 흥미로운 기삿거리겠지만, 인티파다가 시작된 이후 예루살렘 주민으로 살아간다는 것은 하루하루가 살얼음판을 걷는 듯한 등골 오싹한 순간의 연속이었다. 집을 제외한 모든 장소를 갈 때는 폭발물 체크를 위해 소지품 검사를 받아야 했다. 그럼에도 자살폭탄 테러로 시내버스가 일주일이 멀다 하고 터지고, 예루살렘의 유명한 커피숍, 피자 가게 등도 테러의 표적이 되었다. 자살테러는 두 민족 요구사항의 공통분모인 예루살렘에 집중되었다.

  한번은 아침 7시에 식사를 하고 있는데 밖에서 '펑' 하는 굉음이 들렸다. 마치 지진이 일어난 듯 창문이 심하게 흔들렸다. 바로 집 앞의 버스 정거장에서 자살테러가 발생한 것이다. 버스는 형체만 가까스로 남긴 채 시커먼 재가 되었다. 초등학생들이 학교 가는 시간이라 희생자 대부분은 아이들이었다. 일주일에 두세 번 장을 보는 동네 슈퍼마켓도 자살테러의 표적이 되었다. 슈퍼마켓 앞에서 20년째 나물을 팔던 할머니가 사람들이 몰려 있는 계산대를 향해 폭탄을 품고 돌

진한 것이다. 바로 전날 그곳에서 장을 보았던 우리 가족은 깊은 안도의 한숨을 쉬며 가슴을 쓸어내려야 했다.

빈번한 테러 공격에도 운 좋게 빗겨 가던 한국인들도 결국 테러의 희생양이 되었다. 히브리대학교 안 구내식당에서 폭발물이 터져 한국인 세 명이 희생자 안에 들어간 것이다. 다행히 모두 목숨을 건졌지만 중환자실에서 1, 2주 화상치료와 이후에도 피부이식 수술과 재활치료를 받아야 했다. 인티파다가 한창 무르익어 갈 즈음 남아프리카공화국 더반에서 인종차별 철폐 회의가 열렸다. 이스라엘의 시온주의를 인종차별주의(racism)로 규탄하려던 이슬람 참가국들은 미국이 이를 반대하며 회의를 보이콧하자 증오감이 절정에 달했다. 늘 국제사회 여론과 반해서 이스라엘을 지지해 온 미국의 행동이 그다지 새삼스러울 것도 없었지만, 갈등의 정점을 향해 가던 당시 상황에서는 조만간 뭔 일이 일어날 듯한 분위기였다. 결국 그것이 9·11 테러로 표출된 것이다.

이슬람, 어떻게 바라보아야 할까?

　전 세계에 있는 몇 개의 분쟁 지역 가운데 중동 지역은 가장 점화되기 쉬운 화약고에 해당한다. 그러한 중동 지역 역내 갈등 가운데 이스라엘과 팔레스타인 간의 충돌은 중동 지역 '갈등의 핵'으로 불린다.
　9·11 테러 이후 이슬람은 부지불식간에 우리 곁으로 성큼 다가온 듯한 느낌이다.

　'이슬람'이라는 이웃을 우리는 어떠한 눈으로 바라보아야 할까?
　이슬람의 모습을 알-카에다, 탈레반, 하마스, 헤즈볼라와 같이 한 번씩은 들어보았음 직한 극단적 테러단체들과 동일 선상에서 보는 게 합당할까?
　1948년 이스라엘 건국 이후 잊을 만하면 외신의 헤드라인을 장식하는 이스라엘과 팔레스타인간의 갈등을 어떻게 바라보아야 할까?

중동 문제에 관심을 갖고 기도하기 원하는 성도들은 가자지구, 웨스트뱅크(서안지구), 로드맵(road map, 단계적 중동 평화안), 정착촌, 골란고원, 6일 전쟁 등 웬만한 역사적 배경 지식이 없으면 이해할 수 없는 중동 관련 시사용어들로 인해 기가 죽기 쉽다.

언젠가 어떤 분이 '웨스트뱅크'를 가지고 이런 질문을 한 적이 있다. "한국에 국민은행, 하나은행이 있는 것처럼 이스라엘에는 웨스트뱅크가 있는 건가요?"

로드맵은 어떤가? 부시 전 미국 대통령이 단계적인 중동 평화안으로 제시한 이후 '로드맵'은 국제뉴스에 빈번하게 등장하는 시사용어가 되었다. 이스라엘에 살고 있는 한인 한 분이 이런 질문을 했다. "로드맵이 예루살렘으로 가는 지도인가요?"

우스운 에피소드이지만, 그만큼 중동 문제, 특히 이스라엘과 팔레스타인 문제에는 우리로서는 넘어서기 쉽지 않은 역사적, 문화적, 종교적 장벽이 있음을 시사한다.

이 책을 쓰게 된 동기는?

이스라엘에 도착하자마자 정신없이 경험하게 된 인티파다는 나에게 두 민족 간의 불꽃 튀는 갈등의 뿌리를 제대로 캐 보고자 하는 욕심과 동기를 제공했다. 지난 10년간 갈등의 핵심 현장인 예루살렘에서 수시로 일어나는 사건들을 팔로업(follow-up)하면서 나도 이 땅의 문제에 대해서 어느 정도 할 말이 생긴 것 같다.

공영방송인 KBS와 기독교방송인 CGN 등에서 통신원으로 이 땅의 소식을 알리고, 창간한 지 3년이 넘는 월간지 〈이스라엘 투데이〉의 편집장으로 일한 것이 그러한 내공을 쌓는 데 적지 않은 기여를 했다.

누군가에게서 이런 말을 들은 적이 있다.

"책을 집필하기 시작하면서 독자들에게 분명한 집필 동기와 목적을 제시하는 것이 독자들에 대한 최소한의 예의다."

아쉽게도 그 '누군가'는 기억이 나지 않는다.

9·11 테러 이후 이슬람 관련 책들이 순식간에 쏟아져 나온 상황에서 굳이 뒤늦게 《이슬람 바로보기》의 집필을 시도한 데는 몇 가지 이유가 있다.

첫째, 우리 역사 인식의 사각지대에 놓인 이슬람 문명과 이슬람 역사에 대한 체계적인 이해를 돕기 위함이다. 중동 문제가 우리에게 복잡하게 느껴지는 것은 인류 문명의 발상지인 '고대의 중동'과 1·2차 세계대전을 거치며 서구 열강에 의해 제멋대로 국경선이 그어진 '현대의 중동' 사이에 수천 년의 공백이 있기 때문이다.

7세기 이후 아라비아 사막에서 혜성처럼 등장한 이슬람 문명은 오늘날 우리들이 접하는 이슬람 테러단체들과는 전혀 다른 각도에서 이해해야 한다. 이슬람 문명은 지정학적으로 중국 문명과 유럽의 기독교 문명 사이에 위치한 연결고리로서 양대 문명의 교류에 있어서 무시할 수 없는 역할을 했다. 이곳에서 벌어진 역사를 체계적으로 이

해하는 것은 우리의 역사 인식에서 오랫동안 뚫려 있던 구멍을 메워 줄 것이다. 아울러 서구와 미국을 향한 극도의 지식 편중 현상에서 벗어나, 거의 무지 상태로 방치되어 있다가 갑자기 '자살테러'의 일그러진 모습으로 등장한 이슬람의 진짜 모습을 보게 될 것이다. 이슬람에 대한 바른 이해는 이미 13억 56개 국을 휩쓸고 지구촌의 4분의 1을 차지한 이슬람에 대한 최소한의 예우일 수 있다.

둘째, 오늘날 벌어지는 중동 문제의 뿌리를 찾고 그 해결책을 위해 함께 고민하고 기도하기 위함이다. 중동 문제는 혹자가 생각하듯 '강 건너 불구경'처럼 나와 아무런 상관이 없는 먼 나라 얘기가 아니다. 중동 지역이 화염에 휩싸이면 금세 국제 원유가가 치솟고, 이는 물가 상승으로 이어져 당장 만 원을 들고 슈퍼에 갈 때 장바구니가 현저히 가벼워지는 것을 경험하게 된다. 특별히 세계 선교에서 '마지막 세대, 마지막 주자'로 쓰임 받고 있는 한국 교회가 이 책을 통해 새롭게 떠오르는 사역지로서의 중동을 입체적이고 종합적으로 이해할 수 있

는 작은 매뉴얼이 되었으면 하는 바람이다. 다른 지역도 마찬가지겠지만, 중동 지역은 일단 머리부터 들이밀고 보는 무턱대기 식 선교로는 상상할 수 없는 역효과와 후폭풍만 야기할 뿐이다.

 셋째, 중동 지역 갈등의 핵인 예루살렘 현지에 살면서 느낀 내부자의 목소리를 전하고자 함이다. 외부에서 태풍을 느끼는 사람과 태풍의 눈 한복판에서 태풍을 느끼는 것은 전혀 다르다. 같은 이치로, 언론과 책들을 통해서만 이 땅의 문제를 접하는 외부인과 갈등의 현장에서 함께 호흡하며 살아가는 내부인의 시각이 같을 수는 없다. 예루살렘은 유대교, 기독교, 이슬람교로 불리는 3대 유일신 종교의 공통된 성지다. 이슬람은 그 태생 초기부터 기독교와 유대교와의 '작용-반작용'을 통해 발전했다. 기존의 이슬람 책들은 이집트, 터키와 같은 이슬람 국가에서 공부한 전문가들에 의해 이슬람적 시각에서만 씌어진 아쉬움이 있다. 특히 이슬람과 유대교는 동전의 양면처럼 함께 이해해야 하는 음(陰)과 양(陽)의 관계에 있다. 따라서 《이슬람 바로

보기》가 출간된 후 바로 《유대인 바로보기》도 출간할 예정이다.

    이슬람 책을 쓰려고 할 때 가장 큰 도움을 받은 책은 시오노 나나미의 《로마 멸망 이후의 지중해 세계》(한길사)다. 이 책은 로마의 유스티니아누스 황제 이후 '지중해'를 무대로 기독교와 이슬람이라는 두 세력이 충돌해 온 1500년의 역사를 그녀만의 놀라운 필력으로 전개하고 있다. 나는 이틀 동안 상, 하로 된 두 권의 책을 읽으며 '필력'(筆力)이란 말은 바로 이럴 때 쓰는 것임을 절감했다. 이 책이 내가 쓰려는 《이슬람 바로보기》와 직접적인 관련은 없지만, 나도 무대를 지중해에서 약간 동쪽인 '중동'으로 옮겨 이슬람 탄생 이전의 숨겨진 역사를 시작으로 오늘날 이스라엘-팔레스타인 갈등의 현장까지 부족한 필력을 발휘해 근사하게 엮어 보고픈 욕심이 생겼다. 이제 감추어진 1500년 이슬람 역사를 탐험하는 여행을 떠나보자.

CHAPTER.
01

중동은 정확히
어느 지역을 가리킬까?

이슬람 역사 여정을 위한 준비 작업

1500년 이슬람 역사를 좇는 여정을 출발하기에 앞서 자주 등장할 어휘들에 대해 설명하고, 잘못 알고 있는 상식들을 바로잡는 것이 필요하다. 이런 작업은 이후에 생길 혼동을 막고 이슬람 역사의 긴 여정을 떠나는 우리의 발걸음을 산뜻하고 가볍게 해 줄 것이다.

몇 가지 용어에 대하여

아랍: 흔히 아랍과 이슬람을 동일시 하는 경우가 많다. 하지만 아랍은 '종족적인' 개념이고 이슬람은 '종교적인' 개념이다. 아랍인은 아랍어를 모국어로 사용하고 대다수가 이슬람교를 믿고 있다. 아랍인 중에는 기독교를 믿는 소수도 있다. 기독교를 믿는 아랍인도 물론 아랍인 범주에 속한다. 아랍은 종교가 아니라 종족의 개념이기 때문이다. 전 세계 13억 이슬람 세계 가운데 아랍인은 30% 미만에 불과하고 나머지 70%는 우리와 이웃하고 있는 아시아 국가에 더 많이 분포한다.

회교: 회교는 중국인들이 '회흘'(回紇)로 부르던 위구르족이 이슬람교를 믿게 되면서 '위구르족의 종교'란 뜻으로 사용된 한자어다. 위구르족은 중국 변방의 소수민족인데, 이슬람교가 위구르족만의 종교가 아니므로 회교(回敎)는 적절한 표현이 아니다. 현재는 '회교'란 말 대신 '이슬람교'로 통일해서 쓰고 있다.

무슬림: 이슬람교를 믿는 신도를 가리킨다. '모슬렘'(Moslem)은 영어식 표기이고, '무슬림'(Muslim)은 아랍어식 표기다. 또한 모슬렘은 단순히 영어식 표기일 뿐 아니라 이슬람교도를 격하시킬 때 사용되므로 이 책에서는 무슬림으로 통일하려고 한다.

무함마드: 이슬람교의 창시자로서 아랍어식 표기다. 영어식으로는 '마호메트'(Mahomet)로 표기하는데, 이 역시 서구인들이 무함마드를 격하시켜 부르는 표현이다. 이 책에서는 무함마드로 통일하려고 한다.

꾸란: 이슬람의 경전으로 총 114개의 장으로 되어 있다. 비아랍권에서는 '코란'으로 불리지만 이 책에서는 아랍어 발음인 꾸란으로 통일하려고 한다.

'중동'은 어디를 가리키는가?

'중동'이란 지역적 개념은 영국이 19세기에 '해가 지지 않는 나라'로 불리며 세계를 지배하는 대영제국으로 탄생하면서 등장했다. 오랫동안 유럽인들이 놀던 물은 지중해 바다가 그 한계였다. 우물 안의 개구리가 우물을 전 세계로 인식할 수밖에 없듯이, 그들도 지중해를 세계의 전부로 인식하며 수천 년을 살아 왔다. 유럽인들은 해가 떠오르는 동쪽 지역을 '오리엔트', '아나톨리아', '레반트' 등의 다양한 말로 표현하며 그곳을 동쪽의 '땅끝'이라 여겼다.

그러다가 15세기 말 신대륙 발견을 시작으로 유럽인들에게는 신비 속에 가려져 있던 동방의 여명이 밝아 오기 시작했다. 아울러 땅끝으로 생각한 동방의 지평선도 점점 넓어지게 되었다. 단순히 '해가 뜨는 동쪽'을 뜻하던 동방이 근동, 중동, 극동으로 세분화된 것도 이와 같은 유럽인들의 역사 인식의 변화와 때를 같이 한다.

'근동'(Near East)은 그리스의 발칸 반도를, '극동'(Far East)은 중국·한국·일본을, 그리고 '중동'(Middle East)은 그 중간에 있는 지역을 가리킨다. 오늘날 중동은 북아프리카, 아라비아 반도, 이란, 터키, 아프가니스탄 등 상당히 넓은 지역을 포함하는 개념이다.

한 가지 짚고 넘어갈 것은 '중동'이란 지역적 표현이 세계의 중심을 유럽으로 놓고 이해하던 유럽인들의 세계관에서 나온 표현이라는 것이다. 동양 문명의 대표주자인 중국도 한때는 자기 나라가 세상의 중심이라고 이해했고, '중국'(中國)이란 국호도 이러한 중화사상을 드러내고 있다. 그렇다고 유럽인이나 중국인의 세계관을 탓할 필요는 없을 것 같다. 세계 지도를 그릴 때 늘 자기 나라를 세계의 중앙 무대에 놓고 그리는 것은 어느 나라, 어느 민족에게서나 발견되는 공통된 현상이기 때문이다.

이슬람 역사 이해의 두 가지 장애물

중동을 무대로 펼쳐진 1500년의 이슬람 역사는 풍부하고 다양하고 변화무쌍한 스토리로 전개된다. 이런 역사를 단행본으로 엮어 낸다는 것은 두 가지 면에서 결코 쉬운 일이 아니다.

첫째, 오늘날 우리가 보는 중동 지역의 국경선은 1·2차 세계대전을 거치며 영국, 프랑스를 앞세운 서구 열강들이 자신들의 입맛과 기호에 따라 임의로 그으면서 탄생했다는 것이다. 중동 지역은 티그리스 강과 유프라테스 강을 끼고 찬란한 고대 문화를 꽃피운 곳이다. 이곳을 무대로 세계사에서 들어 본 수메르, 아카드, 바벨론, 아시리아, 페르시아, 페니키아와 같은 국가들이 시간차를 두고 전성기를 누렸다. 문제는 고대의 중동과 현대의 중동은 정치적 지도, 언어, 종교 면에서 확연히 다를 뿐 아니라, 그 사이에는 엄청난 시간적인 여백이 존재한다는 것이다. 유럽 역사의 경우 중·고등학교 때 그리스, 로마를 거쳐 중세, 근대, 현대 순으로 배운 세계사의 상식이 있어서 연속적인 역사 흐름을 어느 정도 이해하고 있다. 하지만 중동의 이슬람 역사는 고대와 현대 사이의 긴 여백을 직접 채워야 하는 작업이 요구된다.

둘째, 중동의 다양한 지역들과 이곳에 등장한 다양한 민족들의 이름이 우리에게는 상당히 생소하고, 이런 생소함이 우리를 지레 주눅 들게 만든다는 것이다. 유럽 역사는 폼페이, 율리우스 카이사르, 브루투스, 런던, 빈, 파리 등 왠지 친숙한 지명과 인명들이 등장하지만 중동의 이슬람 역사는 그렇지가 않다. 아부 바크르, 살라흐 알-딘, 술레이만, 크테시폰, 쿠파 등 전혀 새로운 인명과 지명들이 등장한다. 심지어는 어떤 것이 지명이고 인명인지 헷갈릴 때도 있다. 역사 서술에서 빠질 수 없는 인명과 지명이 머릿속에 들어오지 않다 보니 이것 또한 쉽게 넘기 힘든 장애물이 되는 것이다.

이슬람 역사를 좇는 긴 여정을 출발하는 우리 앞에 이 같은 장애물이 있지만 그렇다고 넘기에 전혀 불가능한 것만은 아니다. 첫 번째 장애물은 이슬람 역사를 우리에게 익숙한 동시대의 유럽 역사와 함께 양념으로 곁들여서 설명하면 어느 정도 극복된다. 두 번째 장애물은 본문의 이해를 돕는 지도를 적절하게 삽입하면 웬만큼 극복될 것이다. 그리고 아랍인의 이름은 상당히 긴데, 이것은 아버지의 이름이 함께 나오기 때문이다. 인명은 아버지의 이름을 생략하고 본인의 이름만 기술해도 읽는 독자들의 부담감이 조금은 덜할 것이다.

이슬람 역사 여정의 출발에 앞서서 고대의 중동과 현대의 중동국가를 눈에 충분히 익혀 두도록 하자. 웬만하면 눈 감고도 그릴 정도로 머릿속에 확실히 넣어 두고 출발하자. 분명 무시하지 못할 도움이 될 것이다.

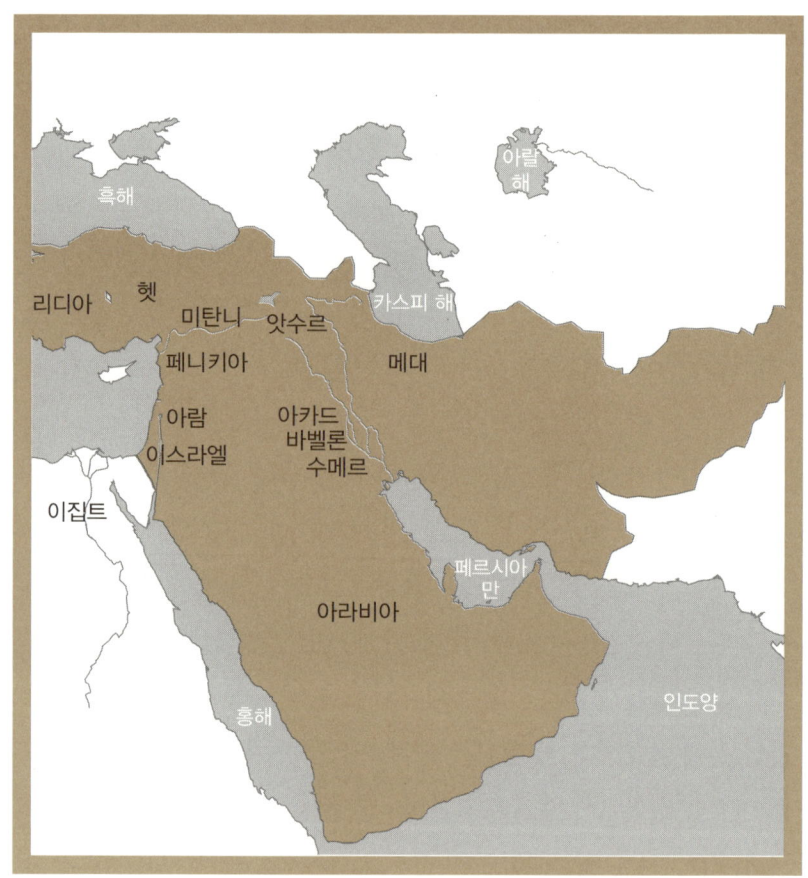

고대의 중동국가

현대의 중동국가

CHAPTER.
02

무엇이 이슬람 탄생을 가능하게 했을까?

―――― 이슬람 탄생 이전의 아라비아 반도

마르크스와 다른 유물론 역사가들은 7세기 아라비아 사막에서 혜성처럼 등장한 이슬람 제국의 탄생을 설명할 방법을 알지 못한다. 베두인으로 불리던 아라비아 사막 토착민들의 생산방식은 과거와 비교해 전혀 변화된 것이 없었고, 유물론 사가들이 제시하는 역사적 진보의 단계적인 과정을 전혀 보여 주지 않았기 때문이다.

610년 아라비아 사막 서쪽 구석에서 이슬람교가 탄생하면서 펼쳐지는 흥미진진한 스토리로 들어가기에 앞서 이번 장에서는 이슬람교 탄생 이전 아라비아 사막의 폭풍 전야와 같은 분위기를 살펴보고자 한다. 병아리 한 마리가 태어나기 위해서도 21일간의 부화 기간이 필요한데, 새로운 인류 문명이 태동하는 데는 말할 것도 없이 충분한 부화기가 필요했을 것이다.

이슬람 역사를 다루는 데 있어서 그 출발점을 이슬람교 창시자 무함마드의 탄생 시점인 570년으로 곧바로 직행하는 경우가 많지만, 시대를 몇 세기 앞당겨 이슬람교 탄생 이전의 아라비아 반도 상황을 최대한 복원해 보는 것도 신선한 출발점이 되리라 생각한다. 그것만이 7세기 아라비아 반도에서 등장해 삽시간에 아시아, 아프리카, 유럽을 휩쓸어 버린 이슬람의 신비를 어느 정도 밝혀 줄 열쇠가 될 것이기 때문이다.

무지의 시대: 이슬람 탄생 이전의 아라비아 역사

선사시대부터 아라비아는 사막에서 목축을 하던 '베두인'족과 오아시스 주변의 도시에 정착해 농사를 짓고 대상무역을 하던 '쿠라이시'족의 고향이었다. 비록 이들만의 자체적인 문명은 없었지만 5000년간 다산(多産)의 아라비아 셈족 여인들은 수많은 자녀들을 근방의 수메르, 아카드, 바벨론 등의 도시국가로 보냈고 이들의 타고난 원시적 용맹은 무기력한 도시 문명에 활기를 불어넣곤 했다.

이들의 종교는 하늘, 별, 나무, 돌 등의 다양한 자연물을 숭배하는 샤머니즘이었는데, 이후 메카의 카바 신전에 보관된 검은 운석을 숭배하는 '이슬람교'로 한데 모아졌다.

이슬람에서는 7세기 이슬람이 도래하기 전 아라비아의 역사를 한마디로 '무지의 시대'(자힐리야)라고 부른다. 이슬람의 빛이 비추기 전의 모든 시대를 뭉뚱그려서 간단히 '어두움과 무지'의 상태로 묘사한 것이다.

아라비아 반도: 비잔틴과 페르시아 사이의 샌드위치

이슬람 '종교'의 입장에서 본다면 이슬람 탄생 이전을 '무지의 시대'로 간단히 묘사하고 넘어갈 수 있지만, 이슬람 '역사'의 입장에서 본다면 그렇게 간단치만은 않다. 이슬람교 탄생 이전의 아라비아 역사는 한마디로 '비잔틴 제국'과 '페르시아 제국'으로 불리는 두 강대국 사이에 낀 '샌드위치 역사'로 표현할 수 있다.

비잔틴 제국은 395년에 로마가 '동서'로 나뉜 뒤 476년 서로마 제국이 멸망된 후 홀로 남은 동로마 제국을 가리킨다. 일찌감치 수명을 다한 서로마와 달리 비잔틴 제국은 서로마 멸망 이후에도 무려 1000년 이상 질긴 목숨을 연명했고, 1453년 오스만 터키 제국에 멸망당했다.

페르시아 제국은 주전 331년 그리스의 알렉산더 대왕에 의해 멸망당한 페르시아 제국의 후계자로 자처하며 주후 224년에 등장한 제국이다. 제국의 이름은 같지만 알렉산더에 의해 멸망당한 원조 페르시아는 조상의 이름을 따서 '아케메네스조 페르시아'라 하고, 비잔틴 제국과 경쟁한 페르시아는 '사산조 페르시아'라 한다.

주전 331년 아케메네스조가 멸망하고 주후 224년 사산조로 부활하기까지 상당한 공백기가 있는데, 이때는 파르티아 제국(주전 240~주후 227년)이 버티면서 팍스로마나의 전성기를 누리던 로마 제국과 자웅을 겨루었다.

아케메네스조와 사산조의 페르시아는 모두 이란인이 세운 제국이다. 반면 파르티아는 카스피 해 남쪽의 유목민이 세운 제국이기 때문에 이란인한테는 외부에서 침입한 정복 왕조로 여겨진다. 하지만 완전한 제3자인 로마의 입장에서 본다면 파르티아도 최소한 '짝퉁' 페르시아로 보였을 것이다.

로마 제국의 역사에 가려져 파르티아와 페르시아(사산조)의 역사는 많이 묻혀 버린 게 사실이지만 두 제국은 동시대의 로마-비잔틴과 맞서서 당당히 자웅을 겨룬 제대로 된 적수였다.

로마가 당대에 알려진 세계를 모두 정복한 것으로 알고 있지만, 페르시아의 후계자가 다스리던 동쪽의 절반은 감히 넘보지도 못했음을 알아야 한다. 그렇게 볼 때 페르시아(아케메네스조)를 정복해 인더스 강까지 이른 알렉산더는 진정 '대왕'의 칭호가 아깝지 않은 위대한 정복자였다. 단지 그가 33세의 꽃다운 나이에 생을 마치지만 않았다면 이후 동서양의 역사가 어떻게 쓰여졌을지 사뭇 궁금하다.

로마의 간담을 서늘하게 한 파르티아 제국

유럽이 모두 '로마'의 이름 아래 추풍낙엽처럼 떨어지며 복속되고 있을 때 그러한 로마의 간담을 서늘하게 한 동방의 제국이 파르티아(성경에는 '바대'로 나옴. 행 2:9)였다.

1차 삼두정치의 멤버인 크라수스는 주전 53년 파르티아 원정을 감행하다가 아들과 함께 전장에서 죽었고, 율리우스 카이사르는 이에 대한 복수를 계획하지만 브루투스에게 암살당하면서(주전 44년) 파르티아에 대한 원한을 풀지 못했다. 이후 2차 삼두정치의 멤버인 안토니우스가 재도전하지만 파르티아에게 보기 좋게 참패당하면서 체면만 구기고 돌아왔다.

삼두정치를 마감하고 명실상부한 로마의 1인자가 된 옥타비아누스는 강대국 파르티아와 휴전을 맺고 갈등 관계를 끝내는 것으로 동방의 강자를 인정했다.

신약성경의 배경이 되는 헤롯 왕조도 동쪽에서 버티던 파르티아 제국의 강력한 존재감에서 탄생했다. 파르티아 제국과 국경을 접하는 유대 국가의 헤롯은 자신을 왕으로 세워 줄 경우 로마 편에 서서 파르티아를 막는 든든한 방패막이가 되어 주겠다고 제안을 했고, 옥타비아누스는 이를 흔쾌히 수락했다. 로마 입장에서는 파르티아 접경에서 로마의 뜻을 충실히 수행할 꼭두각시가 필요했고, 그동안 각종 전투를 통해 이미 용맹이 검증된 헤롯은 그 용도에 가장 적합한 인물이었다.

로마를 멸망 직전까지 몰고 간 페르시아 제국

파르티아의 뒤를 이어 등장한 사산조 페르시아는 한술 더 떠서 로마를 멸망 직전까지 몰고 간 무시무시한 제국이었다. 파르티아보다 더 광대한 영토를 차지한 사산조 페르시아의 샤푸르 1세(241~272년)는 로마 황제인 고르디아누스 3세를 전사시켰고 뒤를 이은 발레리아누스마저 전쟁터에서 생포했다.

서로마 제국 멸망 이후 비잔틴 제국의 전성기를 이끌던 유스티니아누스 황제(527~565년)가 있다. 유스티니아누스는 지중해를 다시 로마의 호수로 만들 정도로 서쪽 진격에 성공할 수 있었지만 그에게도 역시 페르시아는 감당하기 힘든 적수였다. 페르시아와의 전투에서 일격을 당한 유스티니아누스 황제는 결국 562년 고액의 조공을 바치는 조건으로 평화조약을 맺을 수밖에 없었다. 그것도 딱 '50년 동안'만이라는 조건이 달린 한시적인 평화조약이었.

동방의 페르시아에게 당한 이런 역사적 경험들로 인해 유럽인들의 무의식 속에서 동방은 곧 페르시아였고, 페르시아는 곧 무시무시한 두려움의 존재로 자리매김했다. 유럽인들의 작품 속에 페르시아의 왕이 종종 '괴물'로 등장하는 것도 이러한 유럽인들의 두려움을 잘 보여 준다.

샤푸르 1세 앞에 무릎 꿇은 로마 황제 발레리아누스

비잔틴과 페르시아가 싸운 이유는?

비잔틴과 페르시아는 어느 한쪽을 완전히 멸망시킬 정도로 강력한 우위를 점하지 못했기 때문에 양국의 힘의 균형 상태는 몇 세기를 이어 갔다. 누가 보더라도 상대방을 완전히 멸망시키겠다는 의도는 보이지 않았고 그로 인해 두 제국 간의 대결은 장기전 모드로 진행되었다. 두 제국이 수세기에 걸쳐 맞붙게 된 전쟁의 이슈는 크게 두 가지였다.

첫째, 국경선 문제였다. 로마는 페르시아가 소유한 아르메니아 지역이 이전에 트라야누스(98~117년) 황제가 정복한 적이 있고 그곳 주민의 대부분이 기독교인이므로 로마 영토라고 우겼다. 여기에 페르시아는 역사의 시계를 한참 더 거꾸로 돌려서 아케메네스조 페르시아의 캄비세스 왕(주전 529~주전 522년)이 주전 525년에 정복한 시리아, 팔레스타인, 이집트를 모두 돌려 달라고 요구했다. 국경선을 놓고 두 강대국이 벌인 전쟁은 아르메니아 지역을 완충지로 삼아 잠정적인 휴전과 전쟁이 반복되는 소모전 성격으로 진행되었다.

둘째, 동서 무역로를 확보하는 문제였다. 어찌 보면 이것이 전쟁의 진짜 이유일 것이다. 고대 제국들이 전쟁을 할 때는 단지 땅을 넓히는 것뿐 아니라 그에 따르는 경제적인 목적이 수반되었다. 동서 무역에서 로마가 주로 수입한 것은 중국의 비단과 동남아시아의 향료였다. 로마는 마땅히 물물교환으로 바꿀 만한 것이 없었기 때문에 금화로 값을 치렀다. 파르티아와 페르시아는 동서 무역로인 비단길을 지배하며 그 중개 무역으로 엄청난 이득을 취했다. 이에 대해 로마는 이들 국가를 거치지 않는 대체 교역로를 찾기에 혈안이었는데, 북쪽과 남쪽에서 가능한 대안을 찾을 수 있었다.

북쪽의 터키족과 남쪽의 아랍족 부상

북쪽은 유라시아의 스텝 지역으로 유목민인 터키족들의 영토를 관통하는 것이고, 남쪽은 아라비아 사막 지역으로 유목민인 아랍족들의 영토를 관통하는 것이었다. 이들 지역은 떠돌아다니는 유목 생활만 가능하기 때문에 정착민인 비잔틴과 페르시아인에게는 정복할 가치도 없는 관심 밖의 영역이었다.

하지만 두 강대국 간의 적대적인 대결이 지속될수록 이들 지역과 주민들의 주가는 계속 상한가를 칠 수밖에 없는 구조로 변했다. 이전에는 찬밥 신세였던 터키족과 아랍족은 두 강대국으로부터 동시에 러브콜을 받으면서 변방의 오랑캐족에서 순식간에 '귀하신 몸'으로 바뀌었다. 비잔틴은 이들에게 대체 교역로를 제공해 달라고 애걸복걸했을 것이고, 페르시아는 제공하지 말라며 뒤에서 어르고 달랬을 것이기 때문이다.

그렇다고 이들 부족을 힘으로 제압하는 것은 스스로 무덤을 파는 행위다. 그런 단순 무식한 방법은 힘이 한쪽으로 쏠려 절대강자가 된 지도자나 써먹을 수 있다. 결국 팽팽한 두 제국의 힘겨루기가 지속될수록 남북 변방의 터키족과 아랍족의 부족장들은 이쪽과 저쪽, 때로는 양쪽에 모두 붙어서 자신들의 이익을 극대화하는 방법을 자연스레 터득하게 되었다. 일명 '간에 붙었다 쓸개에 붙었다' 전략인 것이다.

비잔틴과 페르시아의 지나친 소모전은 제대로 된 국가도 없이 부족장의 지도 아래 원시적인 삶을 살아오던 이들에게 놀라운 기회를 제공했다. 수세기에 걸쳐 두 강대국에 빌붙어 살면서 쌓인 내공으로 변방의 두 족속은 각각 이슬람 문명의 중앙 무대에 순차적으로 등장했다. 그리고 하나같이 당대 최고 문명의 주인공이 되었다. 남쪽의 아랍족은 이슬람이라는 새로운 문명의 창시자로서, 이후 북쪽의 터키족은 무너져 가는 이슬람 문명을 다시 일으켜 세우고 새로운 전성기를 이어 가는 주인공으로 등장한 것이다.

거품이 빠지고 다시 하한가로

변방의 아랍족과 터키족의 주가 상승은 비잔틴과 페르시아의 사이가 안 좋을 때만 유지되는 한시적인 것이었다. 두 강대국에 '머리를 제대로 쓸 줄 아는' 현명한 황제들이 등장해 양국 간에 선린(善隣) 무드가 조성된다면 하루아침에 주가는 하한가를 치게 된다. 그런 일이 384~502년 사이에 일어났다. 두 제국 간에 오랜 평화의 시기가 열리면서 고비용과 고위험이 따르는 사막과 스텝 지역은 더 이상 정기적인 무역로로서의 매력을 잃었다.

양 제국의 관심사에서 벗어난 이 시기는 원시적인 아라비아 역사 중에서도 특별히 '암흑시대'로 불린다. 대상로가 통과하던 오아시스 주변의 정착민들도 손님이 뜸해지다 보니 입에 풀칠을 하기 위해 다시 유목생활로 업종을 전환할 수밖에 없었다. 아라비아는 이전보다 문명 세계로부터 고립 현상이 더욱 심화되고 정착지는 사라지고 주민들의 베두인화가 급속히 진행되었다. 그런 의미에서 이 시기는 '암흑시대'로 불릴 만했다.

다시 찾아온 기회

이슬람의 창시자인 무함마드가 태어난 6세기^(570년)는 이런 점에서 '격변의 세기'로 불려도 좋을 것이다. 1세기가 넘는 양국 간의 평화가 깨지고 다시금 불꽃 튀는 재격돌이 시작되었기 때문이다. 아라비아는 두 제국 간 투쟁의 중요한 캐스팅보드로 재부상했고, 이제는 이전의 꿈같던 시절을 마음껏 즐기기만 하면 되었다.

하지만 아랍족은 다시 찾아온 황금기를 단지 두 제국의 옆구리에 붙어서 기생하는 것에 만족하지 않았다. 축적된 내공과 경험을 발휘해 페르시아를 아예 정복해 버리고 비잔틴은 소아시아 반도 안쪽으로 완전히 구겨 넣었다. 그도 그럴 것이 6세기에 시작된 재격돌로 두 강대국의 힘은 소진할 대로 소진했고, 아라비아 사막에서 새롭게 부상한 이슬람의 모래바람이 '찻잔 속의 태풍'을 넘어 자신들을 덮쳐서 질식시킬 회오리바람으로 돌변할 줄은 상상도 못 했기 때문이다. 만약 비잔틴과 페르시아가 장기간 대치하면서 힘을 소진하지 않았거나, 만약 서로 싸우는 와중에도 사막에서 올라오는 적들의 진면목을 제대로 간파하고 일찌감치 대처했다면 이슬람 문명은 탄생하지 못했을 것이다. 그렇다면 이후 중동의 역사는 어떻게 전개되었을까?

아랍인만의 유일신 종교를 고대하다

이슬람 탄생이 임박한 6세기 말의 아라비아 반도는 두 제국의 지속적인 전쟁으로 인해 아라비아를 관통하는 무역로가 확고하게 자리 잡았다. 두 제국은 전쟁이라는 외부적인 요인 외에도 내부적으로는 종교 논쟁으로 골머리가 아팠다. 페르시아는 조로아스터교 내의 갈등으로, 비잔틴 역시 삼위일체 논쟁으로 내적인 에너지를 소진하고 있었다. 양 제국 내에서 이단으로 몰린 자들이 아라비아를 망명지로 삼으면서 아라비아에는 새로운 이념들이 물밀듯 유입되었다.

원시적인 생활에 만족하던 아랍인들의 삶에도 놀라운 변화들이 나타났다. 풍부한 물질 문명의 유입으로 무기와 갑옷, 싸움의 전술에 진보가 나타났다. 이것은 머지 않아 '꾸란 아니면 칼'을 외치며 전개될 이슬람 정복운동을 위한 귀중한 자산이 되었다. 이웃들이 가져온 종교와 문화를 접하고 문자가 생기고 자신들의 언어로 삶을 기록하는 일들이 시작되었다.

이로써 하늘, 별, 나무 등을 섬기는 원시적인 우상숭배에 만족하지 못하고 더욱 차원 높은 이념을 추구하는 분위기가 무르익었다. 이들에게 부각된 차원 높은 유일신 종교의 후보는 유대인들이 믿고 있던 유대교, 비잔틴 제국의 기독교, 페르시아 제국의 조로아스터교였다. 민족적인 성격이 지나치게 농후한 조로아스터교는 처음부터 자격 미달이어서 일찌감치 순위에서 밀려났다.

이런 가운데 조상들이 해 오던 샤머니즘적인 우상숭배를 멈추고,

그렇다고 기존의 일신교 종교를 받아들이지도 않으면서 뭔가 차원 높은 종교를 기다리던 그룹이 생기게 되었다. 이들을 '하니프'라고 하는데, 이후 무함마드가 창시한 이슬람교의 초기 개종자들도 바로 이러한 하니프 그룹에서 많이 나왔다. 7세기로 넘어가면서 610년에, 무함마드가 이슬람교라는 아랍인들의 일신교를 만들었지만, 6세기 말의 시대적 분위기를 이해한다면 일신교에 대한 열망은 이미 조성되었고 무함마드는 거기에 불을 붙인 매개자였다고 보는 게 더 정확할 것이다.

CHAPTER. 03

무함마드는 왜 아라비아 반도의 유대인들을 모두 쫓아냈을까?

무함마드와 유대인

7세기 아라비아 사막에서 혜성처럼 등장한 이슬람교 탄생의 신비를 캐기 위한 첫 번째 작업으로 비잔틴과 페르시아 두 제국 사이에 위치한 아라비아 반도의 시대적 분위기를 살펴보았다. 그러면 이것이 이슬람 탄생을 위한 비하인드 스토리의 전부일까? 많은 이슬람 관련 서적들에서 간과되는 중요한 부분이 있는데 그것은 아라비아에 정착한 유대인들과 이슬람교의 창시자인 무함마드와의 관련성이다.

유대인들은 언제 아라비아 사막으로 들어와 정착한 것일까? 또한 아라비아에 정착한 유대인들은 이슬람교 탄생을 위해 어떤 역할을 했을까? 이번 장에서는 이슬람교 창시자인 무함마드의 전 생애를 중심으로 이슬람교 탄생을 위한 또 다른 역사적 동인(動因)이 된 유대교와 유대인들의 무시할 수 없는 역할에 대해 살펴보고자 한다.

아라비아 반도로 유입된 유대인

유대인들이 최초로 아라비아 반도에 유입된 시기는 대체로 70년 로마 장군 티투스(Titus)에 의해 예루살렘 성전이 무너지고 유대국가가 사라지면서부터인 것으로 추정된다. 로마에 대한 봉기가 실패하면서 유대인들은 전 세계로 흩어졌고, 그중 일부가 동쪽의 사막으로 깊숙이 들어가 망명지를 찾았다. 유대인들은 오아시스 주변의 작은 정착지에서 농사를 짓거나 칼과 텐트를 만드는 사업을 했는데, 그들이 생산한 칼과 텐트는 품질이 좋아 곧 현지 베두인들에게 인기를 얻었다.

이후 비잔틴 제국과 페르시아 제국 내에서 유대인들에 대한 조직적인 핍박이 이어지면서 아라비아 사막으로 유대인들의 유입이 줄을 이었다. 독실한 기독교 국가가 된 비잔틴 제국은 '메시아를 죽인 민족'이라며 유대인들을 줄기차게 핍박했다. 한편, 종교적 관용을 보이던 파르티아 제국과는 달리 그 뒤를 이은 사산조 페르시아는 조로아스터교를 국가 종교로 채택하면서 그동안 제국 내에서 자치를 누려오던 유대인들을 핍박하기 시작했다.

아라비아로 유대인들이 유입하게 만든 또 다른 요인은 비잔틴과 페르시아 간의 소모적인 전쟁이었다. 유대인들은 두 제국 간의 전쟁이 장기화될 것을 예견하고 일부는 서유럽으로 그리고 대다수는 동쪽의 아라비아 사막으로 이주했다.

동쪽 아라비아 사막으로 깊숙이 들어간 유대인들은 그곳을 자신들을 강제 개종시키려는 비잔틴 전투 병력이 여간해서는 미치지 못할 '안전지대'로 여겼고, 메카와 메디나 두 오아시스 도시를 중심으로 정착했다. 대상(隊商)들이 머물고 가는 작은 오아시스 도시에 불과하던 메카는 유대인들이 정착하면서 단기간 내에 국제도시로 발전했고, 메디나는 유대인들이 사막의 '무(無)'에서 새롭게 만든 신도시였다. 비잔틴과 페르시아 간의 오랜 전쟁으로 대상무역의 새로운 교역 루트가 된 메카와 메디나는 이후 지속적으로 발전했다.

무함마드의 어린 시절

한편, 이슬람교의 창시자인 무함마드와 유대인들의 관계는 어떠했을까? 무함마드의 전 생애는 아라비아에 정착한 유대인들과 밀접한 관계를 맺고 있는데, 유대인에 대한 그의 적대적인 태도와 우호적인 태도가 반복되면서 이슬람교의 태동과 발전에 중요한 변수가 되었다.

570년, 무함마드는 메카의 명문 상업귀족인 쿠라이시족 하심 가(家)에서 태어났다. 아버지 압둘라는 무함마드가 뱃속에 있을 때 여행 중 죽고, 어머니마저 6세 때 죽자 무함마드는 할아버지에게 맡겨졌다. 하지만 8세 때 할아버지마저 죽자 다시 삼촌에게 맡겨졌다.

예수님의 생애도 열두 살 때 예루살렘 성전을 방문한 사건이 의미 있게 기록되어 있는데(눅 2:41-50), 무함마드의 인생에도 열두 살 때의 경험을 특별하게 다룬다. 무함마드는 대상(隊商)으로 일하던 삼촌을 따라 시리아에 갔다가 네스토리우스파(Nestorians) 기독교 사제로부터 놀라운 예언을 듣게 된다. 네스토리우스파는 431년 에베소 교회회의에서 이단으로 정죄된 기독교 분파인데 이후 동쪽으로 가서 포교 활동을 했다. 이 사제는 소년의 어깨에 있는 모반(母斑)을 보고 숙부에게 이렇게 말했다.

"이 아이는 우리 시대의 마지막 예언자가 될 겁니다. 이것이 그 표시지요."

그러면서 상서롭지 않은 경고도 잊지 않았다.

"유대인들이 이런 얘기를 듣거나 어깨에 있는 모반을 보지 못하도록 주의하십시오. 만일 그렇게 되면 이 아이를 죽이려 할 겁니다."

유대인이 자신을 죽일지 모른다는 경고는 소년 무함마드에게 잊을 수 없는 충격과 영향을 주었고, 유대인에 대한 무함마드의 첫 번째 태도는 이처럼 알 수 없는 적대적 흐름에서 시작되었다고 볼 수 있다.

부잣집 과부와의 결혼으로 인생이 역전되다

25세의 성인 무함마드는 대상단(隊商團)의 리더가 되었고, 대상단의 소유주인 과부와 결혼하면서 인생의 놀라운 전환점을 맞았다. 이 과부의 이름은 *하디자*였는데, 그녀는 엄청난 부자였지만 무함마드보다 15세가 많은 40세였고 이미 네 번이나 이혼한 경력에 아이도 딸려 있었다. 쉽지 않는 결혼이었지만 이 결혼은 분명 유복자로 태어나 힘들게 살아온 무함마드의 인생이 한순간에 역전된 계기가 되었다.

하디자와의 결혼은 무함마드의 인생에 두 가지 면에서 강력한 영향을 주었다.

첫째, 메카의 영향력 있는 종교 지도자로서 명성을 얻고 있던 *와라까*를 정신적 멘토로 얻게 되었다. 와라까는 하디자의 외사촌인데, 그는 에비온파(Ebionite) 기독교의 사제였다. 에비온파는 70년 성전이 무너지기 직전에 요단 동편의 펠라로 피신한 유대 기독교인들이 주류를 이루는 기독교 분파였다. 이들은 유대적 전통을 고수하고 바울을 적대시했으며 이단으로 정죄된 이후 아라비아 사막에서 교세를 확장하고 있었다. 이들의 신앙은 기독교와 유대교가 혼합된 모습을 보여준다. 와라까는 무함마드의 멘토가 되어 기독교와 유대교에 대해 많은 지식을 전수해 주었다.

둘째, 결혼으로 순식간에 메카의 재벌이 된 무함마드는 이후 장사에서 손을 떼고 종교적인 명상에 빠지기 시작했다. 이때 무함마드를 사로잡은 고민은 우상숭배와 관련된 것이었다. 메카에서 태어난 무함마드는 카바 신전의 관리인으로 섬기던 할아버지와 삼촌 덕분에 당시에 만연한 우상숭배에 대해 깊이 이해하고 있었다. 카바 신전에는 아랍인들에게 1년 날짜 수와 같은 360개의 우상이 있었고 그중 최고의 신이 알라였다. 무함마드는 아랍 부족들 간의 고질적인 전쟁의 원인이 혈연 중심으로 뭉친 부족 단위의 우상숭배에 있다고 보았다. 그래서 이를 타파하고자 혈연을 초월한 종교사상, 즉 유일신 신앙으로 갈기갈기 찢긴 아랍 부족의 통일을 고대한 것이다.

천사 가브리엘의 계시, 이슬람교 탄생

610년, 무함마드가 40세 되던 해에 여느 때처럼 메카 근교의 히라산 동굴에서 명상을 하던 중 천사 가브리엘의 계시가 임했다. 이로써 당시까지 문맹이던 무함마드는 하루아침에 글을 깨우치고 이슬람교를 창시하게 된다. 이후 무함마드는 자신이 깨달은 종교를 설파하는

데 일생을 바쳤고, 첫 번째 개종자는 그의 아내 하디자였다. 하지만 메카에서의 전도 활동은 신통치 않았고, 메카의 중상류층인 쿠라이시족은 무함마드를 국가 경제를 위협하는 급진주의자로 여기고 핍박하기 시작했다. 이것은 무함마드가 외친 이슬람의 교리가 '알라 이외에는 신이 없다'는 유일신 사상이었고, 알라 앞에 모든 인간이 평등하다는 혁신적인 사상을 담고 있었기 때문이다. 여러 우상숭배자들의 순례 덕분에 먹고살던 메카의 상인들은 신(神)들이 많아야 주가가 올라가는데 360개의 우상을 한 개의 신, 즉 알라로 통일하자는 무함마드의 교리에 위협을 느낄 수밖에 없었다. 이들은 날마다 피켓을 들고 이렇게 외쳤을 것이다.

"아니, 마누라 덕에 팔자 고치더니… 신을 더 만들어도 모자랄 판에 신을 다 없애라고? 신들의 백화점인 카바에 알라 단일상품은 절대 안 된다. 무함마드, 물러가라! 물러가라!"

헤지라, 이슬람력의 시작

이슬람의 만인평등사상 때문인지 초기 개종자들은 주로 노예 신분에서 생겨났는데 개종자가 늘어갈수록 핍박은 더욱 거세졌다. 전도를 시작한 지 9년째 되던 619년, 무함마드에게 든든한 버팀목이 되어 주던 아내와 삼촌이 세상을 떠나면서 박해는 더욱 심해졌다.

이후 무함마드는 전도 대상을 메카 주민들에서 메카를 찾아오는 순례자로 바꾸었다. 이때 유대인들이 세운 도시인 메디나(원래 이름은 야스리브)에서 온 카즈라즈 부족의 순례단이 무함마드에게서 이슬람에 대한 설교를 듣고 깊은 인상을 받고 돌아갔다. 카즈라즈 부족은 아우스 부족과 함께 메디나에서 가장 큰 아랍 부족이었는데, 이들이 장기간 싸우는 틈에 도시 내에서 유대인들이 점차 주도권을 확대해 가던 상황이었다. 이들은 자신들도 유대인처럼 유일신 종교를 가질 수 있음을 몹시 기뻐했고 다시 메카를 찾아와 무함마드를 부족 간의 분규를 조정하는 '중재자'로 초청했다.

메카에서 성과가 없어 고심하던 무함마드는 개종자 70명과 함께 622년, 메디나로 이동하는데 이 해는 이슬람 역사에서 무척 의미 있는 해가 된다. 바로 622년을 기준으로 이슬람 달력이 시작되기 때문이다. 이슬람에서는 메디나 이주를 '헤지라'(거룩한 천도)라 하고, 이때 무함마드와 함께 이주한 70명을 '무하지룬'(이주한 자)이라 부르는데, 이들은 기독교의 12사도와 같은 최고의 존경과 권위의 대상이 된다. 무함마드의 이주와 함께 '야스리브'라는 도시 이름은 '메디나'(예언자의 도시)로 바뀌었다.

이슬람 공동체, 움마

메디나로 이주한 무함마드는 두 부족 간의 분규를 성공적으로 해결했을 뿐 아니라 이들을 이슬람으로 개종시키는 성과를 올렸다. 그리고 70명의 이주자들과 함께 새로운 개종자들을 모아 이슬람 공동체인 '움마'를 만들었다. 움마는 혈연이 아닌 신앙을 통해 한 형제가 되는 초기 이슬람 공동체였는데, 당시까지 '국가'로서의 실체가 없던 이슬람은 이 작은 움마에서 출발해 제국으로 발전하게 된다. 이런 식의 제국 발전 형태는 인류 역사에서 전무후무한 방식이었다.

아랍 부족은 부족 내에 부족장, 신관, 군사지도자, 중재자로 불리는 4개의 직책이 있었다.

'부족장'은 덕망 있는 원로 중에서 선출되며 부족회의를 주관한다.

'신관'은 부족 내의 제사, 축제, 장례 등 각종 의식을 관장한다.

'군사지도자'는 중년에서 선출되며, 군사적 식견과 용맹을 앞세워 전투를 이끈다.

'중재자'는 부족 간에 발생하는 고질적인 분규를 조정하는 역할을 맡는다.

처음에 '중재자'로 메디나에 초청된 무함마드는 움마를 출범시키며 아랍 부족의 전통적 리더십인 부족장, 신관, 중재자, 군사지도자의 권위를 모두 자신에게 집중시켰는데, 이것 역시 아랍 역사에서 처음 시도되는 리더십 형태였다.

메디나에서의 첫해, 유대인 포섭 작전

메디나에서 거대한 아랍 부족들을 개종시킨 무함마드는 곧 유대인

공동체에 관심을 기울였다. 메디나는 유대인들이 세운 도시답게 아라비아에서 가장 큰 유대인 공동체가 있었고 이들은 엄청난 부유층을 이루며 살았다. 그곳에서 무함마드는 매일 유대인들과 교류했다. 유대인 장인들이 만드는 품질 좋은 칼을 사고 유대인 친구 집을 방문해 식사도 했다.

이때 무함마드는 유대인들을 이슬람으로 개종시키면 이들의 재력과 잘 정비된 신학이 이슬람 전파에 엄청난 도움이 될 것으로 생각했다. 그래서 유대인들의 마음을 얻기 위해 무슬림들이 기도할 때 유대인처럼 예루살렘을 향해 기도하도록 명령했다. 무함마드는 유대인들이 존경하는 아브라함을 이슬람의 초기 예언자라고 주장하면서, 유대인들이 이슬람에 동화될 만한 공통분모를 찾기 위해 최선을 다했다.

이런 이유로 메디나 생활 초기에 무함마드가 받은 꾸란의 계시들은 유대인에 대한 우호적인 내용들이 주류를 이룬다. 그 내용을 요약하면 다음과 같다.

1. 유대인은 알라께서 선택한 유일한 민족이다.
2. 유대인들이 타향에서 이방인으로 살 때 알라께서 그들의 보호자가 되셨다.
3. 하나님께서 많은 선지자들을 유대인 중에서 선택하셨다.
4. 알라는 하나님을 믿고 선한 행동을 하는 유대인들과 기독교인들에게 친절할 것이다.

유대인들의 거절로 태도가 돌변한 무함마드

하지만 무함마드의 이런 노력에도 불구하고 유대인 개종자는 소수에 불과했다. 유대인들은 무함마드가 천사 가브리엘로부터 들었다고 하는 계시의 상당 부분이 성경에 나오는 이야기를 단순히 반복한 것임을 쉽게 눈치챘다. 또 일부 계시는 전체적인 뼈대는 같고 세부사항이 다른 경우도 있었고, 어떤 경우는 완전히 무함마드가 창작한 경우도 있었다. 유대인들로서는 이런 식의 뒤죽박죽 계시를 받아들일 수 없었다.

유대인들은 오히려 무함마드를 조롱하고 시험했다. 한번은 유대인이 죽은 시체를 무함마드 앞에 갖고 와서 이렇게 말했다.

"만약 당신 말대로 당신이 예언자라면 이 죽은 자를 살려 보시오."

무함마드는 당황했고 주변에 함께 있던 무슬림들도 당황하는 기색이 역력했다.

이후 유대인에 대한 무함마드의 태도와 전략은 점차 적대적으로 변하기 시작했다. 그리고 적대감은 624년 1월, 무슬림들의 기도 방향을 예루살렘에서 메카로 바꾸면서 공식화되었다.

메디나 생활 후기로 넘어가면서 유대인에 대한 무함마드의 계시에는 적대적인 악의가 나타나는데 그 내용을 요약하면 다음과 같다.

1. 유대인들이 율법을 위반했기 때문에 알라께서는 그들을 저주했다.

2. 알라께서는 죄를 지은 유대인들을 원숭이와 돼지로 바꿔 버리셨다.
3. 유대인들이 선지자들을 죽였기 때문에 알라는 유대인들을 비난했다.
4. 이슬람은 최종적인 종교이며 꾸란은 마지막 경전이므로 유대인들과 기독교인들은 이슬람으로 개종해야 한다.

유대인에 대한 무함마드의 태도 변화는 종교개혁의 창시자인 마르틴 루터에게서도 나타난다. 루터는 종교개혁 초기에 유대인들을 신교 쪽에 가담시키고자 친유대적인 논문을 발표하며 유대인 회유에 나섰지만 유대인들이 신교로 개종하지 않자 극단적인 반유대적인 논문으로 응수했다.

메카 함락과 아라비아 반도에서 유대인의 추방

무함마드와 함께 메디나로 이주한 초기 무슬림들은 재산을 메카에 두고 와서 가난했고, 유대인들의 부에 맞설 만한 자체적인 군대도 없었다. 무함마드는 메카로 향하는 대상로를 습격해 상품을 노략하기로 결정했다. 메카로 향하는 길목에 위치한 메디나에서 무함마드가 이끄는 무슬림들이 메카행 상단을 노략질하는 것은 단순히 비즈니스에 손실을 입히는 차원이 아니었다. 이것은 메카 주민의 생존을 위협하는 것이었는데, 대상단은 1년에 두 번 떠나 돌아올 때는 생존에 필수적인 식량과 의복, 소금, 설탕 등을 싣고 왔다. 농사가 가능한 메디나와 달리 토질이 척박해 농사가 힘든 메카는 식량의 상당 부분을 교역에 의존하고 있었다. 자신의 행동이 메카 주민들에게 얼마나 치명적인 위협이 되는가는 메카에서 대상단을 이끈 경험이 있던 무함마드 자신도 잘 알았을 것이다.

위협을 느낀 메카 주민들은 624년 바드르 계곡에서 무함마드 군대와 전투를 했는데 놀랍게도 무함마드 군대가 승리했다. 이듬해인 625년, 우후드 전투에서는 메카군이 승리했다. 전투에서 패배한 무슬림 군대는 도망치기에 바빴는데, 이 전투에서 무함마드는 전투 중 무슬림들이 절대 도망가지 못하도록 할 필요성을 절감했다. 이런 이유로 무함마드는 꾸란에 두 개의 계시를 추가했다.

1. 비무슬림과의 전투 중 적에게 등을 보이고 도망가는 사람은 지옥 불에서 타게 될 것이다.
2. 비무슬림과 전투를 하다 죽으면 그 즉시 천국으로 들어가서 70명의 처녀들에게 영접을 받고 마시고 싶은 모든 술을 마시게 될 것이다.

이때 추가된 계명은 전투에 임하는 무슬림 군대를 '후퇴를 모르는' 무서운 돌격대로 바꾸는 계기가 되었다.

우후드 전투가 있던 625년에 한 유대인 여성이 무함마드를 독살하려다가 실패하는 일이 발생했다. 무함마드는 그녀가 속한 부족을 추방하고 모든 재산을 탈취함으로써 보복했다.

이슬람화된 아라비아

627년 메카군은 메디나를 포위 공격하지만 무슬림군이 40일간의 포위를 버텨 내자 퇴각할 수밖에 없었다. 이때 포위 공격 중 유대인들이 메카군과 내통한 사실이 드러났고, 결국 전쟁이 끝난 후 유대인에 대한 살육과 재산 강탈이 이어졌다. 강탈한 유대인들의 재산으로 군력을 보충한 무슬림군은 628년 메카로 진격하고 겁에 질린 메카는 서둘러 강화조약을 맺었다.

이러한 메카와 메디나의 공방전도 630년 메디나의 무슬림군이 메카를 함락함으로써 종지부를 찍었다. 무함마드가 메디나로 피신한 지 8년 만에 메카를 점령하고 메카 주민들도 무슬림으로 개종시킨 것이다.

메카와 메디나의 전쟁이 계속되는 와중에서 유대인들은 생존을 위해 메카의 편을 들었고 결국 메카의 함락과 함께 아라비아 반도의 모든 유대인들은 추방당하는 비운을 겪었다.

메카와 메디나 사이에 있던 전투에서 반드시 지적해야 할 두 가지 사항이 있다.

첫째, 싸움은 무함마드가 먼저 걸었다는 것이다. 무함마드가 메디나로 떠날 때 메카 주민들은 그가 떠나도록 내버려 두었지만, 무함마드는 메카의 대상단을 매복 공격함으로써 싸움을 걸었다. 그리고 이 공격은 메카 주민들의 생존을 위협하는 치명적인 것이었다.

둘째, 유대인들은 자신들을 지키려는 정당방위 차원에서 메카와 손을 잡은 것이다. 유대인들은 무슬림처럼 남의 돈이나 영토, 집을 강탈한 적이 없다. 단지 자신들의 재산을 지키려고 했을 뿐이다.

이슬람과 유대인

지금까지 무함마드의 전 생애에 얽힌 유대인들과의 관계에 대해 추적해 보았다. 이슬람교의 탄생 과정에서 유대인과 유대교가 끼친 역할을 정리하면 다음과 같다.

첫째, 유대인들은 메디나에서 유일신 사상의 길을 닦았다. 무함마드가 메디나로 이주한 것은 이슬람 원년에 해당하는 중요한 사건이다. 메디나는 유대인들이 만든 오아시스 도시였고, 메카에 있던 무함마드를 메디나로 초청한 아랍인들은 자신들의 이웃인 유대인들을 통해 유일신 사상을 깊이 이해하고 있었다.

둘째, 메디나의 유대인 공동체 재산을 약탈한 무함마드는 이 자금으로 메카와 성공적인 전쟁을 치렀다.

셋째, 무함마드가 천사 가브리엘에게서 받은 계시로 알려진 꾸란은 그의 멘토인 와라까로부터 이미 전해 들은 유대교와 기독교 교리를 기록한 내용이 많다. 성경과 꾸란의 많은 부분이 일치하는 이유도 여기에 있다.

넷째, 무함마드의 아내 10명 가운데 2명은 유대인이다.

CHAPTER.
04

이슬람 전사들은
어떻게 순식간에
3개 대륙을 정복했을까?

―――― 정통 칼리프 시대

아라비아 반도는 로마도, 페르시아도, 로마를 정복한 기독교도 영향력을 끼치지 못하던 '무풍지대'에 가까웠다. 땅 덩어리는 넓었지만 쓸 만한 땅은 별로 없었고, 원주민의 인구도 적었던 탓에 아라비아는 주변 강대국들의 정복 욕구를 자극하지 못했다.

이곳의 원주민인 아랍인들은 이슬람이 태동한 7세기까지 제대로 된 국가 형태를 이룬 적이 없었고, 그곳에 태어난 아랍인 개인은 혈연으로 맺어진 부족 공동체의 보호를 받으며 살았다. 1600여 년간 외부 세계를 단 한 번도 정복해 보지 못한 이들은 서로 다른 우상을 섬기는 부족들끼리 내부적인 충돌만 지루하게 반복하며 살았다. 이처럼 태초의 원시성을 간직한 채 내분을 일삼던 아랍인들이 아라비아 반도를 통일하고 세계 정복을 감행하리라고는 비잔틴과 페르시아는 물론 아랍인 스스로도 상상하지 못했다.

그런데 이런 일이 실제로 일어났다. 무함마드가 죽고 사반세기가 지날 즈음, 아랍인들은 아라비아 반도의 통일은 물론 페르시아, 이집트, 시리아, 북아프리카를 순식간에 집어삼키는 위대한 정복자가 되었다. 잠시 숨 고르기를 한 후 스페인까지 정복한 이슬람의 질풍노도와 같은 진군 앞에 유럽의 기독교 세계는 큰 위협을 느낄 수밖에 없었다. 이로써 아시아, 아프리카, 유럽의 3개 대륙에 이슬람의 깃발을 꽂았다. 이번 장에서는 무함마드가 죽고 무함마드의 '대리자'로 통치한 4명의 정통 칼리프들의 삶과 이들의 정복 전쟁에 대해서 살펴봄으로써 초기 이슬람의 놀라운 확산에 얽힌 비밀을 밝혀 보고자 한다.

정통 칼리프 시대

메디나로 이주(622년)한 지 10년 후, 그리고 메카를 정복(630년)한 지 2년 후인 632년 6월 8일, 무함마드가 젊은 아내인 *아이샤*의 무릎을 벤 채 죽자 엄청난 혼란이 찾아왔다. 무함마드가 아들을 3명 낳았지만 3명 모두 어린 나이에 죽은 탓에 마땅한 후계자를 남기지 못했기 때문이다.

무함마드는 돈 많은 과부인 하디자와 결혼한 후 25년간 일부일처를 유지했지만 그녀가 죽자 젊은 여성 편력을 드러내며 7세에서 21세까지 10명의 부인과 2명의 첩과 함께 기방에서 지냈다. 무함마드가 죽었을 때 이슬람은 간신히 아라비아 반도의 서쪽 절반만 무력으로 정복한 상태였고, 그의 급작스런 죽음으로 후계자 문제가 대두되면서 이슬람 지도부가 혼란에 빠지자 이슬람 개종자들 사이에서 배교의 분위기가 빠르게 확산되었다. 이 위기를 극복하지 못하면 이슬람은 아라비아 사막에서 잠시 모래바람의 먼지만 일으켰다가 유야무야 사라질 판이었다.

하지만 이슬람의 진짜 능력은 창시자인 무함마드의 사후에 드러났다. 혼란은 컸지만 일시적이었고, 이들은 '무함마드의 대리자'를 뜻하는 '칼리프' 제도를 확립하면서 빠르게 혼란을 수습해 나갔다. 칼리프 제도는 즉흥적으로 급조되어 탄생했지만 위대한 기구임이 드러났고, 곧 이슬람 세계의 최고 통수기구가 되었다. 무함마드 사후에 대화와 타협을 통해 선출된 4명의 칼리프 시대를 흔히 '정통 칼리프 시대'

(632~661년)라고 부른다. 이들의 활약으로 사막의 '모래바람'으로 사라질 운명에 처한 이슬람은 당대에 알려진 문명 세계의 상당 부분을 덮어 버린 '회오리 바람'으로 변한 것이다. 네 명의 칼리프는 다음과 같다.

아부 바크르: 632~634년
오마르: 634~644년
오스만: 644~656년
알리: 656~661년

아부 바크르: 아라비아 반도의 통일

초대 칼리프로 선출된 *아부 바크르*(632~634년)는 무함마드의 절친한 친구로서 무함마드 아내인 하디자에 이어 두 번째로 무슬림이 된 사람이다. 무함마드의 사위이자 사촌인 *알리*가 혈통상으로 칼리프가 될 최적격자였지만 높은 도덕과 인품을 갖춘 아부 바크르에게 밀려났다. 다메섹 공성 중에 죽으면서 아부 바크르는 2년의 짧은 통치를 마감했지만 죽을 때 모든 재산을 가난한 자에게 헌납함으로써 신실한 무슬림 신앙을 실천했다.

칼리프는 알라의 계시를 받아서 전하는 '예언자' 기능을 제외하고 무함마드가 살았을 때 누리던 모든 지위를 그대로 계승했다. 무함마드는 인류의 마지막 예언자였고 무함마드가 죽으면서 인류를 향한 알라의 계시는 모두 충족된 것으로 선포되었다. 이제 남은 것은 완성된 계시인 '꾸란'을 전 세계로 전파하는 것뿐이었다.

짧은 2년간의 통치였지만 독실한 무슬림이던 아부 바크르는 이 임무를 성공적으로 수행했다. 무함마드가 알라를 위한 '세상 정복의 말'이었다면, 그의 친구이자 후계자인 아부 바크르는 '세상 정복의 칼'이었다. '꾸란이냐 칼이냐'를 슬로건으로 시작된 이슬람 대정복 운동의 불씨가 그로 인해 점화된 것이다.

아부 바크르는 권력을 잡은 첫 3개월 동안 무함마드의 죽음을 틈타 이슬람을 버리려고 한 배교자 8만 명을 무참히 죽임으로써 칼리프로서의 공식적인 임무를 시작했다. 이후 이슬람 제국 건설의 원대한 목표는 차기 칼리프인 *오마르*에게 맡긴 채 자신은 아라비아 반도를 통일하는 것으로 짧은 생을 마감했다.

오마르: 이슬람 제국의 실질적 건설자

아부 바크르에게서 통일된 아라비아를 인수받은 오마르(634~644년)는 정복전쟁의 화살을 외부 세계인 비잔틴과 페르시아 제국을 향해 정조준했다. 두 강대국의 틈바구니에 끼어 간혹 국경 마을이나 약탈하며 살아오던 아랍인들이 아니던가! 두 강대국을 정복한다는 것은 아랍인 스스로 생각해도 도저히 맞출 수 없는 황당한 과녁이 아닐 수 없었다.

하지만 꾸란의 가르침에 따라 무슬림 형제애가 한층 고양되었고, 각종 전투에서 연전연승하면서 늘어 가는 전리품의 맛을 본 무슬림들을 해산시키는 것도 쉽지 않았다. 같은 무슬림 형제들 간의 전쟁은 엄격히 금지되었으므로 결국 돌파구는 아라비아 반도 바깥에 있는 두 제국으로 향할 수밖에 없었던 것이다.

몇 번의 약탈로 탐색전을 펼치던 오마르는 늙은 두 제국의 허점을 곧바로 파악하고 본격적인 정복전쟁을 시작했다. 그에게는 '알라의 칼'로 최고의 명성을 날리던 *할리드* 장군과 그에 못지 않은 *아부 우바이다* 장군이 좌우에서 보좌하고 있었다. 오마르는 할리드를 동쪽의 페르시아 전선으로, 아부 우바이다를 서쪽의 비잔틴 전선으로 각각 나누어 배치했다. 비잔틴도 비록 늦은 감은 있지만 적들의 매서움을 파악하고 본격적인 대응에 나섰다. 무너져 가는 비잔틴 제국을 다시 일으켜 세운 당대의 영웅 헤라클리우스 황제(617~641년)가 직접 비잔틴 군대를 이끌고 참전했기 때문이다.

비잔틴 전선에서 이슬람군의 진격이 저지를 당하자 오마르는 페르시아 전선의 할리드를 비잔틴 전선으로 급파했다. 독실한 무슬림 신자인 할리드 장군은 칼리프의 명령을 받고 18일 만에 오아시스도 없는 사막 길 800km를 가로질러 시리아의 다메섹에 도착하는 놀라운 기민성을 보여 주었다. 이것은 2차 포에니 전쟁(주전 219~주전 210년)에서 겨울의 눈 덮인 피레네와 알프스 산맥을 넘어 로마로 진군한 카르타고의 명장 한니발 장군에 결코 뒤지지 않는 '기적적인 행군'으로 역사에 기록되어 있다.

포위당한 다메섹은 635년에 상징적인 저항도 없이 항복했고, 636년 야르무크 전투에서 5만의 비잔틴 최정예부대는 절반도 안 되는 무슬림군에 대패함으로써 제국의 동쪽 절반을 고스란히 아랍 제국에 헌납해야 했다. 638년 팔레스타인, 640년 시리아, 641년 비잔틴 제국의 최고 곡창지대인 이집트가 도미노처럼 무슬림 군대의 손에 떨어졌다. 비잔틴은 간신히 소아시아 반도로 기어 들어가 숨죽이며 무슬림의 진군이 멈추기만을 기다려야 했다.

한편 나름대로 선전한 비잔틴 제국과 달리 페르시아 제국은 허망하게 무너졌다. 새롭게 페르시아 전선의 사령관이 된 *사드* 장군은 637년 페르시아의 주력군을 까디시야 전투에서 격파하고 계속 진격해 642년 나하반드 전투 승리로 페르시아 정복의 꿈을 이루었다. 페르시아의 마지막 황제인 야즈데게르드 3세는 메르브까지 도망갔지만 651년 방앗간 주인에게 암살되면서 1200년 전통의 페르시아 제국은 인류의 역사 무대에서 사라졌다.

오마르의 통치 10년 만에 이슬람은 이란에서 이집트에 이르는 대제국의 주인이 되었다. 하지만 겉으로 드러난 대정복의 이면에는 칼리프 자리와 빼앗은 전리품의 분할 문제를 놓고 본격적인 알력과 암투가 싹트고 있었다. 계속된 정복으로 내부의 산적한 문제들을 억누를 수 있었지만, 오마르가 기독교인 페르시아계 노예에게 암살되면서 무슬림 형제들 간의 내전은 마침내 현실화되고 말았다.

칼리프 시대의 이슬람 영토

무슬림의 정복 운동

- 무함마드의 사망 시 영토
- 오마르 때의 영토
- 아부 바크르 때의 영토
- 오스만 때의 영토

오스만: 친족 중심의 중앙집권 정치

오스만(644~656년)은 메카의 전통적인 명문인 우마이야 가문 출신의 부유한 상인이었다. 이 가문은 처음에 무함마드에게 적대적이었지만 630년 메카가 함락될 때 마지못해 무슬림으로 개종했다. 오스만은 가문의 뜻과 무관하게 처음부터 무함마드를 추종해 깊은 신임을 받았는데 훗날 이슬람 최고 지도자인 칼리프가 됨으로써 충분한 보상을 받았다.

오마르의 갑작스런 암살로 우마이야 가문은 친족인 오스만을 칼리프로 적극 지지했고 결국 뜻을 관철시켰다. 무함마드의 친족으로 강력한 칼리프 후보였던 알리는 이번에도 고배를 마셔야 했다. 오스만은 전임 칼리프인 오마르에게서 물려받은 거대한 이슬람 제국을 통치하기 위해 친족들을 지방 총독으로 파견하고 중앙집권적인 권력 형태를 갖추어 나갔다. 아울러 이슬람을 통치 이데올로기로 확고하게 다지기 위해 다양한 사본이 돌아다니던 꾸란의 정본을 편집했고 나머지 사본들을 모두 불태웠다.

오스만의 반대파인 알리 진영은 오스만의 통치를 '족벌정치'라며 맹비난했고, 독실한 무슬림들은 오스만이 꾸란 사본을 불태운 것에 격분했다.

가뜩이나 내부적인 알력이 쌓여 가던 차에 오스만 통치 12년은 외부적인 정복전쟁의 일시적인 휴지기였으므로 억눌린 내부의 불만들을 반추해 볼 수 있는 여유가 있었다.

자체적인 군대 없이 자발적인 존경심만을 바탕으로 통치하던 전임 칼리프들과는 달리 오스만은 그다지 존경 받을 만한 인물도 아니었고 계파 간의 갈등을 조율할 만한 현명함도 없었다. 메카의 명문 가문 출신이라는 것이 그를 지탱해 준 유일한 버팀목이었다. 오스만은 제국의 최고위층을 자신의 친족들로 채웠고, 이는 정복전쟁의 최전선에서 목숨 걸고 싸운 베두인 부족 전사들의 불만을 고조시켰다. 결국 이집트에 주둔한 군대들이 불만을 토로하기 위해 메디나로 왔고, 이 가운데서 이탈한 항명집단에 의해 오스만은 암살되었다.

  기독교인 노예에 의해 암살된 오마르와 달리 오스만의 암살은 이슬람 역사에서 부정적인 전환점이 되었다. 칼리프가 같은 무슬림 형제들에 의해 살해되고, 이것이 무슬림끼리의 참혹한 내전으로 발전했기 때문이다.

알리: 수니파와 시아파 갈등의 시작

  오스만을 암살한 항명집단은 알리(656~661년)를 새로운 칼리프로 옹립했다. 알리 지지파는 예언자 무함마드의 직계 혈통에 의해 통치되는 정권만이 후계자 논란의 악순환을 끊고, 이슬람의 진정하고 고유한 메시지를 지상에 실현할 수 있을 것이라고 주장했다. 그런 면에서 무함마드의 사촌이자, 무함마드의 딸 *파티마*와 결혼함으로써 사위가 된 알리는 최고의 적임자였다.

알리는 이슬람 제국의 수도를 이라크 지방의 쿠파로 옮기고 제국의 새로운 출발을 선언했다. 하지만 알리의 통치 5년은 반란과 내전으로 점철된 최고의 혼란기로 역사에 기록되어 있다. 그의 즉위와 함께 *탈하-알 주바이르* 반란이 일어났고 알리는 656년 낙타 전투에서 반란군을 간신히 진압했다.

하지만 이것으로 끝이 아니었다. 알리는 오스만 암살의 배후 세력으로 지목되었고, 복수를 외치는 오스만 지지파와의 진짜 승부가 기다리고 있었기 때문이다. 그 선봉에는 오스만의 친족인 시리아 총독 *무아위야*가 섰다. 무아위야는 아랍인들의 관습을 따라 혈족의 살해범에 대한 보복을 요구하고 실행할 권한을 행사한 것이다.

657년 시핀 전투에서 알리와 무아위야 세력은 팽팽하게 맞섰다. 역사는 이 전투를 무승부로 기록하고 있는데, 칼리프 알리와 총독 무아위야는 대등한 위치에서 공개적인 협상을 벌여 휴전을 맺었기 때문이다.

이로써 이슬람 제국은 동쪽의 쿠파를 중심으로 한 알리와 서쪽의 다메섹을 중심으로 한 무아위야의 세력권으로 양분되었다. 두 사람의 불편한 공존 관계는 알리와 무아위야의 협상에 반대하며 무력으로 승패를 결정해야 한다고 주장한 알리 지지 과격파에 의해 알리가 661년에 암살됨으로써 종지부를 찍었다. 알리의 암살로 무아위야는 손쉽게 이슬람 제국을 통일할 수 있었다.

한 손에는 칼, 다른 한 손에는 꾸란?

6세기만 해도 사막에서 원시적인 유목민으로 살아가던 아랍인들은 7세기에 행군을 거듭하는 정복자가 되었고, 8세기에는 지중해를 무함마드의 호수로 만든 제국의 주인공이 되었으며, 9세기에는 '천일야화'(아라비안나이트)로 대표되는 현란한 문명의 창시자가 되었다.

인류는 이전에도 새로운 제국의 출현과 새로운 문명의 탄생을 경험했지만, 이슬람은 분명 인류 역사상 가장 급격하고 극적인 대변화를 초래했다.

우리에게 잘 알려진 '한 손에는 칼, 다른 한 손에는 꾸란'이란 슬로건은 이슬람의 급격한 전파를 설명하기 위해 서구인들이 만든 용어다. 서구인들은 이슬람의 호전성과 종교의 강압적 전파를 강조하기 위해 이런 문구를 만들어 냈지만, 이슬람의 질풍노도와 같은 전파 속도와 관련된 신비는 단순히 이 슬로건 하나만으로 풀리지 않는다. 오히려 이슬람이 한 번 거쳐 간 지역이 오늘날까지도 여전히 이슬람으로 남아 있는 역사적 현실은 이슬람 전파를 '꾸란 아니면 칼'로 외쳐댄 서구인들의 주장을 오히려 궁색하게 만든다. 그런 면에서 '꾸란 아니면 칼'은 당시 유럽 기독교인들이 이교도인 이슬람에 대한 적개심과 놀라운 속도로 확산되는 이슬람 세력에 대한 위기감에서 만들어 낸 용어에 불과하다.

초기 이슬람의 탄생과 급속한 전파 과정은 보다 입체적으로 파악되어야 한다. 이슬람의 급속한 전파를 가능하게 한 요인들로는 몇 가지가 있다.

첫째, 일정 부분 무력에 의한 강제 개종이란 면도 인정해야 한다. 이슬람을 미화하는 사람들은 "종교에는 강요가 없느니라"(꾸란 2:256)라는 꾸란의 구절을 인용하면서 무력에 의한 종교 전파가 전혀 없었다고 주장한다.

그러나 무함마드가 630년 우상숭배자들의 도시인 메카를 무력으로 정복하면서 많은 사람들이 강압에 의해 이슬람으로 개종했고, 무함마드를 이은 초대 칼리프인 아부 바크르 역시 이슬람을 떠나려는 배교자 8만 명을 무참히 살해함으로써 칼리프직 수행을 시작한 바 있다. 이처럼 이슬람의 세력이 약하던 초기에는 자발적인 개종자보다 무력과 강압에 의한 개종자가 많았던 것이 사실이다.

둘째, 비교적 합리적인 세율로 인한 피정복민의 자발적인 이슬람화 현상이다. 서구인들이 이슬람의 호전적인 면을 부각시키기 위해 만든 '꾸란 아니면 칼'이란 슬로건은 '꾸란 아니면 공물, 아니면 칼'이란 말로 수정될 때 더욱 설득력을 갖고 당시의 시대적 상황에 보다 부합하게 된다.

이슬람의 급속한 전파에는 비잔틴과 페르시아 제국의 수탈에 가까운 높은 세율이 한몫했다. 이슬람 정복자들은 피정복민들을 보호해 주는 대가로 무슬림보다 높은 세율을 적용했을 뿐 초기 정복 과정에서 강제적인 개종은 별로 일어나지 않았다. 무슬림군이 이교도에 대한 보호의 대가로 요구한 세율도 비잔틴과 페르시아의 수탈에 비하면 무척 가벼웠기 때문에 이슬람 통치자들은 가는 곳마다 오히려 피정복민에게 환영을 받는 분위기였다.

두 제국의 300년에 걸친 소모적인 전쟁으로 주민들의 삶은 피폐해졌고 수탈로 인한 고통은 극에 달했다. 이런 가운데 일정한 세금만 내면 재산은 물론 자신들의 관습과 종교를 보장해 주는 이슬람의 새 정권은 기대와 희망을 주기에 충분했다. 시간이 지나면서 강자 편에 붙으려는 생존 전략과 세금 감면이란 현실적인 이유로 피정복민들은 자발적으로 이슬람으로 개종하는 분위기였다.

소수의 아랍 통치자들은 다수의 이교도들을 다스리면서 그들이 이슬람으로 개종하는 것보다는 그냥 이교도로 남아 있으면서 높은 공납을 바치는 것을 선호했다. 이런 분위기에서도 신앙이 확고한 유대인과 기독교인들의 개종은 그리 많지 않았다.

셋째, 토착 문화를 흡입하는 거대한 용광로와 같은 이슬람의 관용성이다. 기독교와 조로아스터교를 국가 종교로 표방한 비잔틴과 페르시아 제국은 종교에 대한 간섭이 지나쳤고 종파 간의 차별과 목숨을 건 이단 논쟁으로 백성을 힘들게 했다.

이런 시대적 분위기에서 일정한 세금만 내면 이슬람을 제외한 모든 종교와 종파에 동일한 관용을 보인 이슬람 통치자들에게 백성이 호감을 보인 것은 당연했다. 전쟁에서 패하면 남자는 죽고 여자는 노예로 팔려 가던 시대에 이슬람이 내건 정책은 분명 당시로서는 가히 파격적인 조처였다. 전쟁에 패해도 조금 높은 세금만 내면 목숨은 물론 이전의 종교와 관습을 지키는 것도 보장해 주었기 때문이다.

이슬람의 관용성은 아랍 통치자들이 수적으로 절대 열세인 상황에서 다수의 피지배층을 통치하기 위한 불가피한 정책이었다는 측면도 있다. 이들은 피정복지의 토착 세력과 결탁해 자신들은 정치적인 통제력과 조세를 안정적으로 확보하고, 피지배층은 간섭이 없는 자유로운 삶을 보장받는 식으로 일괄타결을 한 것이다.

넷째, 이슬람 문명 창조에 기여한 피정복민들의 협력과 역할이다. 초기 이슬람의 놀라운 확산에서 피정복민들은 큰 역할을 했다. 서쪽에서는 북아프리카 원주민인 베르베르인들이 처음에는 정복자인 이슬람군에 완강히 저항하다가 이슬람으로 개종한 후 좋은 동반자가 되었다. 이들은 사하라 남부 지방의 흑인들을 이슬람화했고 지브롤터 해협을 건너 스페인을 정복할 때는 이슬람군의 깃발 아래 참여해 놀라운 전공을 올렸다.

동쪽에서는 페르시아 제국이 멸망하자 지도층들이 이슬람 문명 창조에 속속 참여했다. 비잔틴 제국은 영토가 줄긴 했지만 멸망을 면해 제국의 지도층들이 숨을 망명지가 확보되었지만, 패망한 페르시아 제국의 지도층은 상황이 달랐다.

탈출로가 없는 상황에서 이들은 조로아스터교 일신교에서 이슬람 일신교로 옷을 신속하게 갈아입었고 이슬람 제국의 지도층이 되어 이슬람 문명 창조에 크게 기여했다. 이들은 훗날 중앙아시아의 터키계 유목민들에게 이슬람을 전파하는 주인공이 되었다. 이런 면에서 초기 이슬람 전파의 기적은 군사적인 정복이 아니라 피정복민의 자발적인 이슬람화에 있다고 할 것이다.

광대한 이슬람 제국의 탄생은 동서 교역로의 이권을 놓고 비잔틴과 페르시아의 오랜 소모전을 끝내고 불화 관계에 있던 지중해 문화와 페르시아 문화가 하나로 융합된 것을 의미했다. 소수의 아랍인들이 주축이 되어 만들어 낸 용광로는 피정복민들의 다양한 문화가 그 속에 녹아들며 눈부신 이슬람 문명을 탄생시켰다.

CHAPTER.
05

아랍인은 왜
우마이야 세습 왕조에
알레르기 반응을 보였을까?

───── 우마이야 왕조

예언자 무함마드가 죽고 자칫 아라비아 사막의 모래바람처럼 사라질 운명에 처한 이슬람 국가를 세계적인 제국으로 키운 것은 아부 바크르에서 알리로 이어지는 4명의 정통 칼리프들의 공적으로 돌려야 한다. 유일신 알라를 섬기는 무슬림의 형제애와 꾸란의 계시를 이교도들에게 전파해야 한다는 신앙심으로 똘똘 뭉친 초기의 정복자들은 가는 곳마다 이슬람의 승리의 깃발을 꽂으며 놀라운 군사적 성공을 거두었다.

하지만 이러한 외부적인 성공의 이면에는 제국의 일인자인 칼리프 자리를 놓고 불꽃 튀는 암투와 헤게모니 싸움이 펼쳐졌다. 초대 칼리프인 아부 바크르를 제외하고 3명의 칼리프가 모두 암살로 비참한 최후를 맞이한 것은 초기 이슬람 확산의 화려함 속에 가려진 이슬람의 어두운 그늘이었다.

문제의 심각성은 상황이 점점 악화되었다는 데 있다. 2대 칼리프 오마르는 그래도 이교도인 페르시아계 기독교인 노예에게 암살당했지만, 3대 칼리프 오스만은 무함마드가 절대적으로 금한 무슬림 형제끼리의 살인, 즉 무슬림 군대의 항명집단에 의해 암살당했다. 이 항명집단의 지지를 받고 4대 칼리프가 된 알리 역시 결국 자신의 지지 세력으로부터 암살당하고 만다. 이교도, 반대 세력 무슬림, 지지 세력 무슬림들에게 칼리프들이 차례로 암살당하자 언제 쥐도 새도 모르게 죽을지 모른다는 불안감이 커졌고, 안정적인 제국의 통치를 위해 확고한 리더십의 구축은 이슬람 제국이 당면한 가장 심각한 고민이 되었다.

이미 제국으로 성장한 이슬람 국가의 통치자들이 암살자들에 의해 속절없이 쓰러진다면 제국의 운명도 장담할 수 없었다. 과연 대화와 타협을 통해 칼리프를 선출하는 과정에서 벌어지는 끝없는 혼란을 수수방관하고만 있을 것인가, 아니면 자신들이 무너뜨린 이교도 국가들처럼 제국을 다스릴 안정적인 세습 왕조의 구축에서 대안을 찾아야 할 것인가?

이번 장에서는 좌충우돌하던 초기 이슬람 제국의 고질적인 통치권 문제를 안고 출범한 우마이야 왕조에 대해서 살펴보고자 한다. 우마이야 왕조는 세습 왕조에 대해 극단적인 알레르기 반응을 보인 아랍 지도층을 어떻게 회유하고 100년 가까이 독립 왕조를 이어 갈 수 있었을까?

우마이야 세습 왕조의 출범

661년 알리가 암살당함으로써 손쉽게 아랍 제국을 통일한 무아위야는 3대 칼리프 오스만의 친족으로서 메카의 명문인 우마이야 가문 출신이었다. 그는 알리가 살아 있을 때부터 이미 제국의 서쪽 절반을 다스린 공동 통치자였다. 무아위야는 비잔틴 제국과 국경을 접하고 있던 시리아의 총독으로서 이미 숙련되고 잘 정비된 군대를 휘하에 거느렸고 수많은 성전(聖戰)을 치러 낸 베테랑 장군이었다.

알리가 죽자 장남인 *하싼*은 감히 무아위야에게 반기를 들지 못하고 그의 권위 아래 납작 엎드렸다. 이로써 칼리프 회의에서 대화와 타협으로 선출되던 정통 칼리프 시대가 막을 내리고 지방 총독 출신이 무력으로 칼리프가 되고 그 자손들이 칼리프직을 이어 가는 세습 왕조가 출현하게 되었다. 이 왕조는 무아위야 가문의 이름을 따라서 '우마이야' 왕조라 불린다.

무아위야: 우마이야 왕조 창시자

무아위야(661~680년)가 집권할 당시 그의 통치를 어렵게 만든 두 종류의 강력한 저항 그룹이 있었다.

첫째, '하와리즈'파의 저항이다. 이들은 오스만을 암살하고 알리를 지지한 항명집단이었는데, 알리가 시핀 전투(657년)에서 무아위야와 협상을 벌여 권력을 양분한 데 대해 반기를 들고 또다시 분리되어 나왔다. 이들은 알리가 무아위야와 전쟁을 통해 최종적인 승패를 가려야 한다고 주장했는데, 자신들의 주장이 관철되지 않자 결국 알리를 암살했다. 알리 암살 이후 이들은 노선을 완전히 바꾸어 이슬람 출현 이전 아랍인들의 부족 지상주의로 회귀할 것을 주장했다. 이들은 모든 권위를 거부한 무정부주의자에 가까웠는데 출신에 무관하게 모든 무슬림은 칼리프로 선출될 수 있다고 주장했다.

둘째, '시아'파의 저항이다. 시아파는 오스만을 암살한 항명집단 가운데 끝까지 알리를 지지한 세력이다. 이들은 칼리프직이 예언자인 무함마드의 직계 자손들에게만 속한 신성한 권리라고 주장했다. 이들은 우마이야 왕조가 아무런 정통성이 없는 찬탈자요 폭군에 불과하다고 여겼는데, 우마이야 왕조 내내 반체제 세력으로서 지속적인 위협이 되었다.

무아위야가 물려받은 이슬람 제국은 시대적 영웅의 출현을 기다리던 난세에 가까웠다. 당시는 이슬람교도 간의 형제적 연대의식도 많이 약화되었고 이슬람교 출현 이전의 유목민적인 무정부 사회로 회귀하려는 분위기가 농후했다. 초창기의 칼리프제로 인한 신정(神政)적인 결속은 오스만의 죽음과 잇따른 무슬림끼리의 내전, 메디나에서 다메섹으로의 천도 등으로 급격히 와해되었다.

간신히 쌓아올린 제국이 자칫 사상누각이 될지 모르는 위기 상황에서 등장한 무아위야는 난세를 풀어 나갈 해법을 아랍 지배층을 중심으로 한 세속적인 군주제에서 찾았다. 이를 위해 이슬람 본연의 신정 체제는 일시적으로 보류될 수밖에 없었다. 뛰어난 인품으로 존경심을 자아내는 인물을 칼리프로 선출하고, 모든 무슬림은 신분과 출신을 막론하고 한 형제라는 평등사상은 난세의 혼란을 더욱 가중시킬 뿐이라고 판단했기 때문이다.

아랍 제국은 생존을 위해 중앙집권화가 절실히 요구되었고 이를 위해 무아위야는 세 가지 정책을 추진했다.

첫째, 제국의 수도를 자신이 총독으로 있던 시리아의 다메섹으로 옮겼다. 메디나는 이미 광대한 제국이 된 이슬람 국가의 수도가 되기에는 아라비아 반도의 구석진 곳에 위치했고, 오랜 전통과 지정학적 요충지에 위치한 다메섹은 새롭게 출발하는 제국의 수도가 되기에 손색이 없었다.

둘째, 종교적인 유대감을 국가 원수에 대한 충성심으로 전환시키는 것이다. 이를 위해 무아위야는 성전(聖戰)으로 불리는 정복전쟁을 이어 갔다. 인접한 기독교 국가인 비잔틴 제국의 수도인 콘스탄티노플 공격은 와해되어 가는 이슬람 정신을 다지고 아랍군을 훈련시키는 이중의 효과가 있었다. 그의 통치 기간에 제국은 동쪽으로 중앙아시아의 카불, 부하라를 점령했고 서쪽으로는 북아프리카에서 꾸준히 서진(西進)해 결국 대서양 연안에 도달했다.

셋째, 세습 왕조를 추진하면서도 세습 왕조에 부정적인 아랍인들의 전통을 고려한 절충안을 제시했다. 세습적인 군주제는 평등주의에 익숙한 아랍인의 의식 구조로서는 무척이나 생소한 제도였다. 무아위야는 부족장들의 협의체인 '슈라'를 통해 정사를 펼쳤고 특히 후계자 지명은 슈라의 인준을 거쳐 발표되었다. 이로써 세습적인 군주제를 대화와 타협이라는 아랍인의 부족적 전통과 어느 정도 부합시킬 수 있었다. 그런 의미에서 우마이야 왕조의 군주제는 절대 권한을 휘두르던 페르시아의 전제군주와는 거리가 멀었고, 단지 '부족장들 중의 우두머리' 성격이 강했다.

2차 내전 (680~685년)

무아위야는 죽기 전에 아들(야지드 1세, 680~683년)을 후계자로 지명함으로써 자신의 사후에 일어날 수 있는 내란을 미연에 막고자 했다. 하지만 그가 죽자 내란은 기어코 재발했고 그 규모는 1차 내란과는 비교할 수 없게 광범위했다.

첫째, 680년 무아위야의 죽음과 함께 알리를 따르는 시아파가 알리의 차남인 후세인을 칼리프로 내세우며 반란을 주도했다. 이 반란은 후세인과 그 일당이 카르발라 전투(680년)에서 모두 전사함으로써 진압되었지만 그것으로 끝이 아니었다. 후세인의 죽음은 시아파에 의해 '순교'로 받아들여졌다. 그날은 예언자 가족을 지켜 주지 못한 데 대한 참회의 날로 불리며 시아파의 성일로 지켜지고 있다. 이후 시아파는 정치적 분파에서 종교적 분파로 전환되어 우마이야 왕조의 지속적인 위협이 되었다.

둘째, 683년 아라비아에서 시아파를 진압하던 압둘라가 스스로 칼리프를 자처하며 반란을 일으켰다. 그는 메카, 메디나의 보수적인 종교 세력을 등에 업고 강력한 세력을 형성했지만 중앙 무대인 시리아로 진출하지 않고 메카에 머물다가 호기를 놓치고 반란에 실패하고 말았다.

셋째, 684년 중앙 무대인 시리아에서도 부족들의 반란이 이어졌다. 이슬람이 출현하기 전에도 아랍 부족들에게는 부족 간의 분규가 다반사였지만 제국으로 발전한 후에는 부족 간의 전쟁도 부족 간의 연합으로 인해 대규모 전쟁으로 발전했다. 이전에 보아 오던 국지전 수준이 아니라 제국을 송두리째 날려 버릴 내란으로 발전한 것이다. 684년에 아라비아의 남부와 북부 출신 부족이 시리아에서 결전을 벌였는데 우마이야 왕조는 남부 부족과 힘을 합쳐 간신히 북부 부족을 격퇴시킬 수 있었다.

압드 알-말리크: 새로운 시대의 출발

알-말리크(685~705년)가 즉위했을 때 그의 어깨에는 내란으로 분열된 제국을 다시 통일해야 하는 부담과 부족장적인 합의와 질서가 무너진 상황에서 새로운 국가 권력체제를 확립해야 하는 의무가 지워졌다. 그는 군사력을 바탕으로 한 강력한 중앙집권화 외에는 무너져 가는 제국을 다시 일으킬 대안이 없음을 간파했다. 즉위하자마자 몇 년간 반란을 진압하는 데 동분서주한 알-말리크는 692년 반란을 최종 진압하고 제국의 통일을 이뤘다. 이후에 알-말리크는 이슬람 제국의 새로운 출범을 알리는 다양한 정책을 발표했다.

첫째, 692년 예루살렘의 성전산에 황금돔 사원을 건립했다. 예언자 무함마드가 621년 하늘로 승천했다가 내려온 지점으로 알려진 곳에 세워진 황금돔(Rock of Dome) 사원은 이후 메카, 메디나에 이은 이슬

예루살렘에 건설된 성전산의 황금 돔 사원

람의 3대 성지로 부상했고, 새로운 시대의 출범을 알리는 이정표가 되었다.

둘째, 696년 칼리프 금화를 발행했다. 금화 주조는 비잔틴 제국만의 특권으로 전 세계에 다른 금화는 없었다. 비잔틴 황제가 이에 항의하는 전쟁을 일으킬 정도로 민감한 사안이었지만 자체적인 금화 발행으로 알-말리크는 비잔틴과 페르시아의 계승국이 아닌 새로운 세계적 정권의 탄생을 만방에 알렸다.

셋째, 아랍어를 제국의 행정과 회계상의 공용어로 확립했다. 구태의연한 비잔틴과 페르시아의 행정체제를 버리고 아랍어 사용과 함께 아랍 제국에 맞는 새로운 체제를 확립한 것이다.

알-왈리드: 우마이야 왕조의 전성기

알-왈리드(701~715년)는 축적된 힘을 바탕으로 정복전쟁을 재개하며 우마이야 왕조에서 최고의 전성기를 이끌었다. 동쪽으로는 아프가니스탄과 사마르칸트, 인도의 신드 주(현 파키스탄의 모태)를 정복했고 서쪽으로는 711년 아프리카 총독 *무싸*가 베르베르족 출신 타리크 장군을 보내 이베리아 반도의 대부분을 점령했다. 그가 첫발을 디딘 곳에 '타리크의 바위'란 뜻의 '지브롤터'란 이름이 생겼고, 이 이름은 스페인과 모로코로 들어오는 좁은 해협인 '지브롤터 해협'으로 지금도 남아 있다.

7세기에 시작된 이슬람의 진군으로 그동안 안방처럼 활보하던 지중해를 적들에게 넘겨주고 해안을 벗어나 유럽 내륙으로 피신해 들어간 중세 유럽국가는 8세기 이슬람의 진군이 다시 본격화되자 공포에 떨었다. 이베리아 반도가 순식간에 정복되고 피레네 산맥을 넘어 유럽 내륙까지 진군하던 이슬람군의 깃발을 저지시킨 사람은 프랑크 왕국의 카를 마르텔이었다. 그가 732년 푸아티에 전투에서 이슬람의 진격을 막지 못했다면 유럽 대륙 전체는 이슬람의 수중에 떨어졌을 것이다.

우마이야 왕조 때의 제국 영토

우마이야 왕조와 정통 칼리프 영토

● 정통 칼리프 시대 영토
● 우마이야조의 정복 지역

우마이야 왕조에 대한 평가

알-왈리드 통치기에 최고의 정점을 찍은 우마이야 왕조는 이후 급속히 내리막길을 걸었다. 인색하고 조세 징수에만 관심을 보인 *히샴*(724~743년)이 사망한 후 1년 사이에 3명의 칼리프가 난립하면서 종말을 더욱 촉진했다. 마지막으로 등장한 *마르완 2세*(744~750년)는 유능했지만 무너져 가는 왕조를 구하기에는 너무 늦게 칼리프에 즉위했다. 부족 간의 해묵은 반목은 재발했고 하와리즈파와 시아파 등 이슬람 분파들의 반체제 활동은 왕조의 일치감을 지속적으로 훼손했다. 결국 750년 호라산 지역에서 일어난 강력한 반군 세력에 의해 우마이야 왕조는 아쉽게도 막을 내리게 되었다.

이슬람 학계 내에서도 우마이야 왕조에 대한 평가는 그리 곱지 못한 편이다. 비난의 핵심은 아랍인들이 만들어 낸 자랑스런 리더십인 '칼리프제'를 무함마드 사후 반세기도 지나지 않아 그들이 혐오하던 이교도 국가인 비잔틴과 페르시아 제국의 세습적인 '전제 군주제'로 바꾸어 버렸다는 것이다. 우마이야 왕조에 대한 비난은 이렇게 요약할 수 있다.

'그들은 신의 종들을 노예로 만들고 신의 재산을 부자들이 독차지하게 했으며 신의 종교를 부패의 온상으로 만들었다.'

이러한 비난에도 불구하고 우마이야 왕조는 자칫 공중 분해될 위기에 처한 이슬람 제국을 100년 가까이 유지시킨 것은 물론, 제국의 영토를 최대로 확장하고 이슬람 문명의 탄생을 돕는 등 결코 무시할 수 없는 역할을 했다. 우마이야 왕조를 향해 '독재적이고 세속적인 왕조'라고 쏟아붓는 비난의 이면을 살짝 들추어 본다면, 가장 뒤늦게 이슬람에 입문한 우마이야 가문이 신의 보상으로 주어진 권력과 부를 독차지한 것에 대한 분노와 질투라는 성격이 강하게 자리 잡고 있음을 알 수 있다.

우마이야 왕조는 왜 멸망했을까?

우마이야 왕조 멸망의 원인은 소수의 아랍인이 절대 다수의 비아랍인을 통치해야 하는 지배 구조의 모순에서 찾을 수 있다. 꾸란이 표현하는 이슬람의 원리에는 모든 무슬림이 한 형제로서 차별이 없지만, 우마이야 왕조는 소수의 아랍인들이 사회적 지배층을 독차지하는 '아랍인 절대우위'의 사회였다. 겉으로는 이슬람을 표방했지만 모든 무슬림의 평등사상은 꾸란에만 적혀 있는 종교적 원리였고 사회적 활동에서는 아무런 위력을 발휘하지 못했다.

우마이야 왕조 사회는 크게 4개 계층이 피라미드 구조를 이루고 있었다.

최상류층: 부모가 모두 아랍계인 순수 아랍인
상류층: 부모 중 한쪽만 아랍계인 반쪽 아랍인

중류층: 이슬람으로 개종한 비아랍계 무슬림
하류층: 이슬람으로 개종을 거부한 비무슬림

상류층인 순수 아랍인과 반쪽 아랍인만이 '암싸르'로 불리는 병영도시에 거주할 수 있었고, 이들만이 '디완'으로 불리는 인명부에 이름이 기록되어 평생 지급되는 연금을 받을 수 있었다. '마왈리'(종속민)로 불리는 비아랍계 무슬림은 병영도시 근처에 형성된 외곽도시에 거주하며 날품팔이, 상인, 가구수리업자, 세공업자 등으로 생계를 유지했다. 이들은 군대에 편입되어 아랍인과 함께 전투에도 참여했지만, 제국의 변방에서 근무했고 기병으로 복무하는 아랍인과 달리 보병으로 복무하며 낮은 봉급을 받아야 했다. 하지만 아랍인 상류층과의 지속적인 접촉은 사회적, 경제적 불평등에 대한 내재된 불만을 자극했고 자신들이 제국 내에서 차지하는 정치적, 문화적, 군사적 중요성에 대한 자각을 촉진하면서 마왈리 계층은 점차 제국을 뒤집어엎을 위험 세력으로 발전했다.

CHAPTER.
06

압바스 왕조는 어떻게 찬란한 이슬람 문명의 꽃을 피울 수 있었을까?

─── 압바스 왕조와 유대인

무함마드 시대(610~632년), 정통 칼리프 시대(632~661년), 우마이야 왕조 시대(661~750년)를 거치면서 이슬람 제국은 한 단계씩 진보해 갔다. 물론 이러한 진보는 값없이 이루어진 것이 아니었다. 각 시대를 건너뛸 때는 제국 자체가 사라질 뻔한 위기가 매번 찾아왔고, 이슬람 제국에서는 그러한 위기를 극복하고 다음 단계로 도약할 수 있는 기회를 만든 영웅들이 시의적절하게 출현했다.

우마이야 왕조의 뒤를 이은 압바스 왕조는 이슬람 제국의 진보 과정에서 최고의 절정을 보여 주었다. 750년에 시작된 압바스 왕조는 1258년 몽골에 의해 완전히 멸망당했다.

이번 장에서는 750년부터 945년까지, 즉 압바스 왕조의 수도인 바그다드가 함락되고 칼리프가 허수아비로 전락하기까지인 압바스 왕조의 전반부를 중심으로 다루고자 한다. 이 시기는 '천일야화'(아라비안 나이트)로 불리는 현란한 이슬람 문명을 꽃피운 황금기였다. 이때 이슬람이 꽃피운 문명은 유럽을 포함해 전 세계에서 가장 앞선 최고의 문명이었다.

우마이야 왕조를 무너뜨린 압바스 왕조는 어떻게 현란한 이슬람 문명을 탄생시킨 주인공이 될 수 있었을까? 그리고 유대인들은 그러한 이슬람 문명 탄생에 어떤 역할을 했을까?

압바스 혁명

우마이야 왕조를 무너뜨리고 출범한 압바스 왕조는 이슬람 역사에서 단순히 새로운 왕조의 출현, 그 이상의 의미를 가지고 있다. 이슬람 학자들은 압바스 왕조의 등장을 '압바스 혁명'이라 칭하며, 프랑스 혁명, 러시아 혁명에 준하는 시대의 격변으로 표현한다. 소수의 귀족들에게 집중된 권력이 대다수의 시민들에게 돌아가는 천재지변의 사건을 '혁명'이라 부른다면 압바스 왕조의 출범은 분명 '압바스 혁명'이라 불릴 만하다.

우마이야 왕조 아래에서 소수의 아랍인들이 권력을 독점하던 시대는 끝났다. 압바스 왕조의 출현으로 반쪽 아랍인과 다수를 차지한 비아랍계 무슬림들(마왈리)에게도 달콤한 권력의 파이(pie)가 골고루 나누어졌기 때문이다. 인류 역사 속에 기록된 모든 혁명이 단기간에 이루어지지 않았듯이, 압바스 혁명도 오랜 기간 활동한 혁명적 조직과 선전에 의해 이루어졌다. 기존의 질서를 전복시키려는 강렬한 욕망이 있었고, 이러한 공통된 욕망을 공통분모로 삼아 다양한 세력들이 쉽게 연합을 이룰 수 있었다.

변화에 대한 갈망이 집약되어 탄생한 압바스 왕조는 다음의 세 가지를 특징으로 한다.

첫째, 아랍인에 대한 페르시아인(이란인)의 승리였다. 페르시아는 주전 6세기부터 주후 7세기까지 아케메네스조 페르시아, 파르티아, 사산조 페르시아로 이름을 바꾸어 가며 중근동을 지배하던 제국이었다. 열등 민족이라며 상종도 하지 않던 아랍인들이 이슬람을 앞세워 정복 운동을 펼칠 때 페르시아는 멸망했고, 울며 겨자 먹기로 이슬람을 받아들여야 했다. 하지만 우마이야 왕조 내내 비아랍계 무슬림으로서 많은 사회적 불평등과 차별을 감수해야 했다. 압바스 왕조의 출범으로 아랍인의 독점적 우위가 끝나고 그 자리를 정치적으로나 문화적으로 풍부한 경험을 가진 페르시아계 무슬림들이 차지하면서 이슬람 문화가 꽃피게 되었다. 특별히 아랍족 지상주의를 표방하던 우마이야 왕조와 달리 압바스 왕조에서 페르시아 무슬림들의 저항운동이 꽃피었는데 이것을 '슈우비야 운동'이라고 한다.

둘째, 이슬람 제국의 중심이 시리아의 다메섹에서 이라크의 바그다드로 옮겨졌다. 압바스 왕조의 실질적 창건자인 알-만수르(754~775년)는 제국의 수도로서 '바그다드'라는 신도시를 만들었다. 바그다드는 '평화의 도시'(의미적으로 본다면 예루살렘과 같다)를 뜻하는데, 페르시아(사산조)의 수도인 '크테시폰'과 인접해 있었다. 바그다드는 크테시폰의 낡은 건물들의 돌을 일부 옮겨서 만들었다. 비잔틴 제국과 인접한 시리아 지방을 중심으로 제국을 다스리던 우마이야 왕조가 비잔틴 제국의 문화를 모방했다면, 압바스 왕조는 이라크를 중심으로 페르시아의 전통을 부활시키고 복원시킨 왕조라 할 수 있다. 바그다드의 압바스 왕조 칼리프는 부족장 회의에서 내부적 합의에 의해 뽑힌 대부족장 개념을 넘어 페르시아를 모델로 하는 중동 스타일의 전제군주로서 제국을 다스렸다.

셋째, 아랍인은 종족과 혈연의 개념에서 아랍어를 구사하는 모든 무슬림으로 의미가 확대되었다. 아랍인의 종족적 결속력을 토대로 다스리던 우마이야 왕조와 달리 압바스 왕조는 이슬람의 정체성과 일체성을 강조했다. 이로써 '모든 무슬림은 한 형제'라는 꾸란의 가르침을 실제 생활에 적용시켰고, 인종에 상관없이 아랍어를 모국어처럼 구사할 줄 아는 모든 무슬림은 제국의 일등신민으로서 차별 없는 대우를 받게 되었다. 아랍인 출신의 주둔군만 거주하던 병영도시 '암싸르'는 상품을 교환하는 시장으로 탈바꿈했고, 기득권을 잃은 아랍인들은 다시 이전의 유목 생활로 돌아갔다.

현란한 이슬람 문명의 탄생

많은 역사학자들을 놀라게 한 것은 아랍인들이 '꾸란이냐 칼이냐'를 외치며 단기간에 이슬람 제국을 건설한 것보다 이들이 만들어 낸 찬란한 제국의 '문명'이다. 무력으로 넓은 영토를 차지해 제국의 흉내를 냈지만, 이후 그에 상응하는 문명을 창조해 내지 못하고 하루살이처럼 사라진, 예를 들면 훈족과 반달족 같은 민족들을 우리는 '역사의 창문'을 통해 쉽게 발견할 수 있기 때문이다.

유럽에 대한 군사적 우위를 넘어 문화적으로도 확실한 우위를 점하게 된 것은 압바스 왕조 아래에서 꽃피운 이슬람 문명 덕분이다. 강력한 중앙집권체제와 이슬람의 통일성을 기반으로 한 압바스 왕조는 페르시아인을 비롯해 문화적으로 앞서 있던 비아랍계 무슬림들이 자신의 재능을 마음껏 발휘할 수 있는 하드웨어를 제공했다. 우마이야 왕조에서 차별과 천대를 받으며 눌려 있던 이들은 인종차별주의를 배격하고 모든 무슬림을 제국의 일등신민으로 대우해 준 압바스 왕조가 출범하면서 현란한 문명 탄생의 주인공으로 등장했다.

유대인, 이슬람 문명 탄생의 위대한 조력자

이슬람 제국의 탄생과 함께 이슬람 문명이 계속 꽃피울 수 있었던 데는 유대인들의 역할을 빼놓을 수 없다. 유대인들은 이슬람 제국 내에서 이슬람으로 개종하지 않은 비무슬림 그룹이었다. 이슬람 세계는 이러한 그룹을 '딤미'라고 불렀는데, 이슬람의 우위와 지배를 인정하고 일정한 사회적 제약을 감수하며 살던 비무슬림 그룹을 가리킨다. 이들은 '지즈야'로 불리는 고율의 보호 인두세를 이슬람 제국에 납부하는 대신, 제국으로부터 생명과 재산, 외적의 침입으로부터의 보호를 받았다. 더 나아가 자신의 신앙과 전통을 지킬 수 있었고 광범위한 자치도 보장 받았다.

이슬람 세계의 딤미는 유럽 기독교 사회에서 살던 이교도들에 비하면 월등한 사회적 지위를 누렸는데, 능력에 따라서 제국의 '와지르'(총리)에 오를 수도 있었다. 이들은 자신의 종교를 믿는 데 아무런 제약을 받지 않았고 신앙 때문에 순교하거나 외국으로 망명할 필요가 없었다.

유대인들은 기독교인들과 함께 자신의 신앙을 고수한 딤미 그룹에 속했다. 이슬람 제국 내에서 기독교인들은 수적으로 유대인보다 훨씬 우세했지만 이슬람 세계에서 위대한 인물이나 문화를 그다지 만들어 내지 못한 반면, 이 기간 동안 유대인들은 철학, 의학, 과학, 수학 등 거의 전 분야에서 위대한 인물을 배출하며 최고의 황금기를 누렸다.

흔히 '문예부흥'을 뜻하는 프랑스어 '르네상스'는, 유럽보다 이슬람 제국에서 수백 년 먼저 시작되었고, 그곳에서 유대인들의 역할이 두드러졌다. 이는 오늘날 역사의 승자가 된 서구 유럽의 역사가들이 쓴 역사책에서는 잘 다루어지지 않거나, 다루더라도 한 단락 정도로 치부되는 내용이다. 하지만 그때까지 소박한 농업 지역에 머물러 있으면서 대부분이 문맹이던 유럽인들에게 현대적 도시 문명으로 성장한 이슬람 세계는 가히 '경탄할 만한 세계'였음은 의심의 여지가 없다. 예를 들어, 10세기 이베리아 반도의 중심 도시인 코르도바는 인구가 80만 명에 이르는 국제 도시였고 70개의 도서관과 1,600개의 이슬람 사원이 있었다.

수세기 늦은 유럽의 르네상스처럼 이슬람의 르네상스도 헬레니즘의 재발견을 통해 이루어졌다. 초기 기독교인들에게 다신교도이며 이교도였던 그리스인들의 작품은 쓰레기처럼 여겨졌고, 눈에 보이는 현상 세계가 아닌 영적 세계(이데아)에 최선의 가치를 둔 플라톤 철학만이 기독교 신학자들에 의해 일부 취사 선택되었다.

이후 로마를 무너뜨리고 유럽을 집어삼킨 게르만족 이교도들은 너무 무식해서, 헬레니즘 철학은 이들의 품격에 맞지 않았다. 그러나 시리아어로 번역된 그리스의 문학과 철학, 과학의 업적이 남아 있었고, 이것은 유복하고 교양 있는 유대인과 로마인의 서재를 차지하고 있었다. 제국을 건설한 무슬림들이 이런 지혜의 장에 대한 소문을 듣고 유대인들에게 그리스 고전의 번역을 부탁했는데, 이는 당시 유대인들이 '세계인'으로서 히브리어, 아랍어, 그리스어, 라틴어, 고대 시리아어, 페르시아어 등을 자유자재로 구사했기 때문이다.

유럽의 계몽된 군주들은 이슬람 세계에서 이름을 떨친 유대인 언어학자와 번역자들을 자국 수도로 불러 와 강의를 부탁했다. 이때 그리스의 고전들이 유럽의 라틴어로 번역 소개되기 시작했다. 특히 1212년 로마 왕이요 1215년 독일 왕이요 1229년 예루살렘 십자군 왕국의 왕을 두루 지낸 프리드리히 2세는, 교황으로부터 두 번씩이나 파문을 당하면서도 유대학자들을 나폴리 대학으로 불러 와 히브리어 강좌를 열었다고 한다.

그리스 고전을 번역하면서 접하게 된 헬레니즘은 유대인들에게 어떤 영향을 주었을까? 주전 4세기에 알렉산더 군대에 의해 강압적으로 헬레니즘을 접했을 때, 유대인들은 이를 대처할 준비가 전혀 되어 있지 않았다. 이들은 성서 속에 등장하는 유대인으로 살았고 성서에 대한 무한정의 확신이 있었다. 이들은 의심하지 않았으므로 이들의 믿음을 입증할 철학, 논리학, 과학 등의 학문이 필요치 않았다. 이후 주전 2세기에 강력한 헬라화 정책을 펼치던 시리아의 안티오코스 4

세에 대항해서 일어난 마카베오 혁명은 '하시딤'으로 불린 유대 경건주의자들이 일으킨 인류 역사 최초의 종교전쟁이었다. 혁명이 성공하고 마카베오 왕조가 들어서면서 헬레니즘을 완전히 쫓아냈다고 생각했지만, 헬레니즘의 마력⁽?⁾은 그때부터 나타나기 시작했다.

외부의 적이 사라지자 하시딤 그룹이 헬레니즘의 좋은 것은 취해야 한다는 '사두개파'와 헬레니즘 자체가 죄악이므로 대적해야 한다는 '바리새파'로 분열되었기 때문이다. 결국 마카베오 왕조⁽주전 143~주전 63년⁾는 사두개파와 바리새파 간의 첨예한 갈등만을 반복한 채, 로마 장군 폼페이우스에게 너무도 허무하게 무너지고 말았다. 이로써 헬레니즘을 둘러싼 찬반논쟁의 1막 1장은 싱겁게 끝났다.

수백 년이 흘러 아랍 제국 내에서 의뢰인⁽?⁾의 부탁을 받고 번역자로서 그리스 고전을 접한 유대인들은 '수박의 겉'으로서가 아닌 '수박의 내용물'로서 헬레니즘의 진수를 맛보게 되었다. 마치 오늘날 할리우드의 폭력과 섹스만으로 미국 문화 전체를 치부할 수 없듯이, 헬레니즘을 에피쿠로스의 쾌락주의만으로 터부시한 과거를 반성한 것이다. 유대인 현자들은 기민하게 유대교의 원시적이고 맹목적인 관념이 그리스의 세련된 관념과 상대가 되지 못함을 인식했다. 이로써 그리스의 논리와 철학을 유대교에 도입시키는 일련의 과정이 시작되었고, 아울러 사변적인 그리스의 사고 체계는 유대인의 신앙 덕분에 더욱 풍부해졌다. 이미 천 년 전에 사라진 그리스였지만 유대인은 살아남아 그리스의 문화와 전통의 맥을 이어 간 것이다.

헬레니즘에 빠져도 그리 위험하지 않음을 알았기 때문에, 유대인들은 '이성'의 판도라 상자를 열고, '신앙'의 안경을 벗고 '이성'이라는 판단력의 안경을 썼다. 이것이 신앙과 이성의 적절한 긴장 속에서 유대인의 철학과 과학이 발전하게 된 놀라운 촉매가 되었다. 이전까지 유대인의 작품은 성서와 관련된 것이 전부였지만 점차 자연과 개인의 문제를 다루면서 이슬람 제국 내에서 유대 르네상스의 꽃을 피운 것이다.

이슬람 제국 내에서 유대인의 모습은 과연 어떠했을까? 오늘날 뉴욕 사교계의 유대인들이 중세 게토의 유대인들과 전혀 다르듯이, 당시 유대인들은 쾌락주의자였고 멋쟁이였다. 아울러 세속적인 철학자요 과학자요 시인으로 묘사할 수 있다. 이전에는 상상하지도 못하던 새로운 직종들이 생겨났는데 유대인들은 천문학자, 수학자, 화학자, 건축가, 번역사, 또한 금융전문가로서 바그다드, 카이로, 코르도바에 지사를 둔 국제경영인으로서, 당시 세계의 전부라고 할 수 있던 이슬람 제국 곳곳을 누비고 다녔다.

이슬람 문화는 다른 민족의 두뇌를 약탈해 만든 것이 아니고 스스로의 창조성과 융화라는 깊은 우물에서 솟아난 차원 높은 문명이었다. 그러한 이슬람 문명의 토양이 된 중동은 인류 최초의 문명을 탄생시킨 곳으로서, 동서양의 다양한 문화와 민족의 집합지였다. 역사적으로도 중동은 다문화와 다민족이 공존하며 풍성한 전통을 만들어 냈고 이러한 전통은 오스만 터키 제국을 거쳐 1차 세계대전까지 이어져 왔다.

황량한 사막에서 현란한 문명을 만들어 낸 이슬람 문명과 그 문명의 브레인으로서 조력자 역할을 한 유대인들을 대단하다고 하지 않을 수 없다. 왜냐하면 오늘날 전 세계를 주름잡는 유럽의 서구 문명이, 실은 그보다 훨씬 앞선 이슬람 문명에서 배운 것이기 때문이다. 그렇게 700여 년간 아랍인과 페르시아인^(이란인), 유대인은 서로를 존중하며 찬란한 문명의 창조자로서 역사 발전의 동역자가 되었다.

현재 중동에서 벌어지고 있는 긴장은 인종적이고 종교적인 깊은 반목으로 포장되어 있지만, 사실 현대 서구 열강의 제국주의적 탐욕이 빚어 낸 임시적이고 정치적인 편법의 결과물이다. 지혜로운 정책을 통해 중동의 긴장 상태를 완화시킬 수 있다는 희망을 갖는 것이 과연 지나친 기대일까? 역사는 이미 이들이 분쟁 없이 상호이익을 최대한 끌어 낼 수 있음을 입증한 전례가 있지 않은가!

압바스 왕조의 영역

CHAPTER.
07

유럽 최초의 반격인 십자군 운동은 어떻게 가능했을까?

―――― 셀주크, 파티마-아이유브, 십자군의 삼파전

우마이야 왕조를 무너뜨리고 현란한 이슬람 문명을 창조한 압바스 왕조의 시대는 공식적으로 750~1258년까지다. 하지만 압바스 왕조 500년은 945년에 왕조의 수도인 바그다드가 함락되면서 실제적인 종말을 고했다. 그럼에도 왕조의 최종적인 멸망 시점을 1258년으로 잡는 것은, 비록 땅은 없지만 이후에도 압바스 왕조의 칼리프는 이슬람 세계의 상징적인 존재로서 명맥을 유지했기 때문이다.

당시 유럽 군소 국가들이 로마의 교황에게 최종적인 인준을 받았듯이, 바그다드 중앙정부의 약화로 지방에서 생겨난 수많은 독립 국가들이 바그다드의 칼리프에게 인준을 받았다. 하지만 몽골 제국을 일으킨 칭기즈칸의 손자인 훌라구가 1258년 바그다드를 함락해 명맥뿐인 칼리프의 숨통을 끊어 버림으로써 압바스 왕조는 마침내 공식적인 종말을 고했다.

압바스 왕조의 전반부에 꽃핀 이슬람 문명과 문명 창조의 숨은 조력자 역할을 한 유대인에 대해서는 이미 다루었다. 이번 장에서는 945년에 수도 바그다드가 함락되고 몽골에 의해 최종적인 멸망을 당하는 1258년까지, 즉 압바스 왕조의 후반부 역사에 대해 다루고자 한다. 하지만 문제는 이 시기의 역사가 큰맘 먹고 이슬람 역사를 제대로 공부해 보고자 하는 사람들을 완전히 녹다운(knock down)시킬 정도로 복잡하다는 것이다. 이 시기에 저마다 독립을 선포하고 이름도 외우기 힘든 군소 왕조들이 3대륙에 펼쳐진 드넓은 이슬람 제국에서 우후죽순 생겨났다.

모든 역사 공부가 그렇듯이 어렵다고 특정 시기를 그냥 건너뛰어

버리면 '역사의 연속성' 측면에서 맥이 끊겨 버린다. 나는 복잡한 이 시기의 역사를 어떻게 효과적으로 기술할 수 있을까 고민하다가 동부의 '셀주크조', 서부의 '파티마-아이유브조', 유럽에서 밀려온 '십자군 왕국'의 삼파전 양상으로 기술하는 게 최선이라는 결론을 내렸다. 세계사에서 반드시 다루어지는 십자군 운동을 동시대 이슬람 역사의 눈으로 이해하는 것도 흥미로운 일일 것 같기 때문이다. 십자군 운동(1096~1291년)은 이슬람의 질풍노도와 같은 진군 앞에 내륙으로 숨어 들어간 유럽의 기독교인들이 이슬람 세계를 향해 가한 최초의 반격이었다. 이슬람 세계 한복판에서 어떻게 십자군 왕국이 버젓이 활개를 칠 수 있었을까?

셀주크조: 동부의 혼란을 통일하다

수도인 바그다드를 중심으로 한 이라크 지방은 압바스 왕조의 중앙 무대였다. *하룬 알-라쉬드*(786~809년) 통치 때 최고의 전성기를 누리던 압바스 왕조는 그가 죽은 뒤 칼리프 자리를 놓고 두 아들이 내전을 벌이면서 본격적인 내리막길을 걸었다. 이라크에 세력을 둔 알-아민과 이란에 세력을 둔 알-마문 사이의 내전은 알 마문의 승리로 끝났다.

이란에서 알-마문을 도운 *따히르* 장군이 독립 왕조를 열면서 일찌감치 제국의 동쪽은 춘추전국시대로 넘어갔다.

따히르조: 820~873년

사파르조: 867~913년

사만조: 874~999년

부와이흐조: 945~1055년

가즈니조: 997~1186년

이 왕조들 가운데 부와이흐조는 특별히 언급할 필요가 있다. 945년 압바스 왕조의 수도인 바그다드를 점령하면서 출범한 부와이흐조는 칼리프를 제거하지 않고 자신들의 입맛에 따라 바그다드의 칼리프를 즉위시키고 폐위시켰다. 그런데 더욱 문제가 된 것은 정통 수니파인 압바스 왕조의 칼리프가 그들 입장에서는 이단 종파인 시아파를 추종하는 부와이흐조의 보호령으로 떨어졌다는 것이다.

셀주크조는 중앙아시아에서 이주해 온 유목민인 터키족 출신의 왕조로서 제국 동부의 혼란을 수습하면서 혜성과 같이 등장했다. 투그릴 베그와 차그릴 베그 형제(1038~1063년)에 의해 시작된 셀주크조는 1055년 바그다드를 함락하고 110년간 지속된 부와이흐조의 칼리 후견을 대신해 자신이 새로운 후견으로 나섰다. 셀주크조는 정통 수니파를 따랐기 때문에 몰락해 가던 수니파의 대부활은 셀주크조의 보호 아래 이루어졌다. 이로써 200년간 이어지던 제국 동부의 혼란에 종지부를 찍고 통일을 이룬 셀주크조의 통치자는 자신을 이슬람 세계의 왕을 의미하는 '술탄'으로 선포하며 정복전쟁에 나섰다.

조카인 알프 아르슬란(1063~1072년)이 셀주크조의 술탄이 되면서 당시 유럽 세계까지 미치는 강진이 일어났다. 그로 인해 200년 동안 유럽 대륙을 휩쓴 십자군 운동이 일어났기 때문이다. 1071년 반(Van) 호 전투에서 셀주크조는 비잔틴의 주력군을 대파했고 비잔틴 황제인 로마누스 4세까지 포로로 잡아감으로써 유럽 전체에 커다란 충격을 주었다. 중앙아시아 초원을 떠돌던 보잘것없는 셀주크 터키인이 비록 전성기를 지났지만 로마제국의 후예인 비잔틴 제국을 격파했기 때문이다.

반 호 전투 당시 주변 정세

파티마조: 서부의 혼란을 통일하다

제국의 서부인 북아프리카는 동부보다 더 일찍 이탈 현상이 일어났다.

이드리스조: 788~921년, 현재의 모로코 지역,
최초로 등장한 시아파 국가
아글라브조: 800~909년, 현재의 튀니지 지역

북아프리카에서 모로코와 튀니지에 독립 왕조가 출범하자 이집트도 술렁대기 시작했다. 결국 두 개의 독립 왕조가 이집트에도 순차적으로 출현한다.

툴룬조: 868~905년
이흐쉬드조: 935~969년

북아프리카에 우후죽순 난립하던 독립 왕조들은 파티마조가 등장하면서 통일을 이루게 되었다. 시아파 이단에서도 극단적인 이스마일파를 신봉하던 파티마조의 출발지는 아라비아 반도 끝에 위치한 예멘이었다. 북아프리카로 파견된 이스마일파 선전요원(선교사)은 909년 베르베르족의 지원을 받아 아글라브조(튀니지)를 무너뜨리고 파티마조를 출범시켰다. 921년 이드리스조(모로코)까지 무너뜨린 파티마조는 이제 북아프리카에서 이집트만 남겨 둔 상태가 되었다.

이슬람 제국의 곡창지대인 이집트 정복에 두 차례나 나섰다가 실패한 파티마조는 4대 이맘(수니파의 '칼리프'를 시아파에서는 '이맘'이라 부른다)인 알-무이즈(953~975년) 때 기회가 찾아왔다. 기근이 강타해 허우적대던 이집트(이흐쉬드조)는 969년 파티마조에게 넘어갔고, 파티마조는 카이로를 비상하는 제국의 새로운 수도로 삼았다. 여세를 몰아 시리아와 이슬람의 요람인 메카, 메디나 지역까지 차지한 파티마조는 알-무스탄시르(1036~1094년) 때 최고의 전성기를 누렸다.

시아파 국가로서 4대 칼리프인 알리를 추종하는 파티마조는 바그다드에 있는 칼리프의 권위를 인정하지 않았고, 오히려 정복과 타도의 대상으로 여겼다. 파티마조 이맘들은 무함마드의 사위이자 사촌인 알리, 즉 예언자의 직계후손이라는 통치 이데올로기를 앞세워 강력한 군주가 되었다. 중세 이집트 역사에서 파티마조의 통치 시기는 교역과 산업이 꽃핀 실로 위대한 시기였다.

십자군 원정: 이슬람을 향한 유럽의 반격

이슬람 세력에 계속 당하기만 하던 유럽의 기독교 세력이 기지개를 켜고 이슬람을 향해 가한 최초의 반격인 십자군 운동을 이해하려면 당시 이슬람 제국의 힘의 균형과 역학 관계를 알아야 한다. 즉 동부는 수니파의 셀주크조, 서부는 시아파의 파티마조로 나뉘어 으르렁대던 상황에서 두 왕조의 완충지 역할을 하던 곳이 팔레스타인이었다.

비잔틴 대군을 격파한 1071년 반 호 전투를 기점으로 그동안 비잔틴 제국의 영토였던 소아시아는 이슬람을 앞세운 셀주크군으로 인해 터키화가 시작된다. 알프 아르슬란의 뒤를 이어 술탄이 된 아들 말리크 샤(1072~1092년)는 1079년 몰락하는 파티마조로부터 시리아와 팔레스타인을 빼앗고 소아시아 정벌을 계속해 나갔다. 결국 1092년 니케아 정복으로 비잔틴 제국은 수도 콘스탄티노플이 바로 물 건너의 적과 마주보는 상황이 되었다.

자칫 제국이 사라질 위기에서 버틸 힘이 없던 비잔틴 황제 알렉시우스는 그래도 같은 기독교 세력인 로마 교황청에 구조 요청을 할 수 밖에 없었다. 1054년 성상 파괴 논란으로 서로를 이단으로 파문하고 완전히 갈라선 동서방 교회가 아니던가! 하지만 알렉시우스는 더 이상 공허한 이단 논쟁과 알량한 자존심을 내세우며 주저할 시간이 없었다.

로마 교황 우르반 2세는 비잔틴 황제인 알렉시우스의 구원 요청에 화답했고, 이로써 1096년 1차 십자군(1096~1099년) 대원정이 시작되었다. 우르반 2세는 내심 이번 기회에 동서방 교회를 통합해 그 우두머리가 될 꿈을 꾸었을 것이다. 1차 십자군은 1097년에 니케아를, 1098년에 안디옥을 회복하고, 1099년 최종 목표인 예루살렘을 차지했다. 1차로 소집된 십자군은 불과 3년 만에 놀라운 승리를 거두었다.

그러면 비잔틴 제국을 몰아붙이던 셀주크군은 과연 무엇을 하고 있었을까? 셀주크는 전성기를 이끌던 3대 술탄 말리크 샤가 1092년에 죽고 아들들의 내전으로 극심한 홍역을 치러야 했다. 십자군의 싱거운 첫 승리와 이들이 팔레스타인과 시리아에 세운 십자군 왕국의 초기 30년은 바로 셀주크조의 분열기와 정확히 일치한다. 십자군은 아직 제대로 된 적과 붙은 것이 아니었다.

　1차 십자군은 예루살렘 왕국과 그 북쪽으로 4~5개의 소왕국을 세웠다. 30년의 혼란기를 지낸 셀주크도 이제 십자군에 맞설 제대로 된 적수를 내세울 때가 되었다. 이라크 상부의 모술에서 세력을 얻은 *이마드 알-딘 장기*가 1144년 십자군 왕국인 에데사와 알레포를 차례로 탈환하면서 십자군의 우위가 깨지고 전세가 순식간에 역전되었다. 이 위험이 유럽에 알려지며 20만 대군의 2차 십자군(1147~1149년)이

십자군 원정 당시 세 종교의 분포

출병하지만 계속된 참패만 맛보다가 초라하게 퇴각했다.

　1154년 후계자인 *누르 알-딘 장기*가 다메섹에 무혈 입성하면서 3라운드를 알리는 공이 울렸다. 십자군과 셀주크조 간의 3라운드에서는 최고 전성기를 이끌던 알-무스탄시르가 죽고 급격히 쇠퇴해 가던 이집트의 파티마조가 새로운 변수로 등장했다. 파티마조의 마지막 이맘인 *알-아디드*(1160~1171년) 때 두 명의 재상이 실권을 장악하고자 내전을 일으켰다. *디르감*은 예루살렘의 십자군 왕국에 원조를 요청하고, *샤와르*는 누르 알-딘 장기가 이끄는 셀주크조에 손을 내밀었다. 이 내전은 셀주크조의 지원을 받은 샤와르 쪽의 승리로 끝났지만, 샤와르는 셀주크와의 약속을 어기다가 결국 살해되었다. 1169년 누르 알-딘 장기의 대리자인 *쉬르쿠*가 파티마조의 재상이 되지만 두 달 만에 죽고 함께 이집트에 온 그의 조카 *살라흐 알-딘*이 파티마조의 새로운 재상이 되었다. 그가 바로 유럽 역사에 등장하는 '살라딘'이다. 재상으로 있던 살라흐 알-딘은 1171년에 파티마조의 이맘인 알-아디드가 죽자 자신의 조상 이름을 따라서 이집트에 아이유브조(1171~1250년)를 출범시켰다. 이로써 시아파를 추종하던 이집트가 다시 수니파 통치자의 지배를 받게 되었다.

세 종교의 분포
　이슬람교　　동방정교　　로마 가톨릭

살라흐 알-딘은 이슬람 세계에서 이상적인 군주의 전형이요 본받아야 할 인간상으로 여겨질 뿐 아니라, 심지어 서구에서도 존경 받는 인물이다. 단테의 《신곡》에서는 소크라테스, 플라톤과 함께 가장 가벼운 벌을 받는 고결한 이교도로 그가 등장한다.

1174년 자신의 주군인 누르 알-딘 장기가 죽자 시리아까지 접수한 살라흐 알 딘은 이제 이집트와 시리아 사이에 낀 십자군 왕국을 정벌할 기회만 호시탐탐 노렸다. 섣부른 정벌보다 10년간 힘을 비축하면서 때를 기다린 그에게 마침내 호기가 찾아왔다. 십자군의 무장인 루노가 이슬람 최대의 성지인 메카를 공격하려다가 미수에 그치는 사건이 발생한 것이다. 십자군에 대한 무슬림의 분노는 하늘을 찔렀고 살라흐 알-딘은 이 기회를 놓치지 않았다. 1187년 십자군을 격파한 그는 예루살렘을 재탈환했고 십자군 왕국은 지중해 해안가로 물러났.

기독교 최고의 성지인 예루살렘이 다시 무슬림의 손에 떨어졌다는 소식은 또다시 유럽을 경악하게 했고 이로써 3차 십자군(1189~1192년)이 모집되었다. 예루살렘을 탈환한 살라흐 알-딘은 살육과 파괴를 철저히 금했는데, 이는 1차 십자군이 예루살렘을 정복한 후 무슬림과 유대인들을 닥치는 대로 살육한 것과 좋은 대조를 보인다. 그는 항복한 조건대로 포로가 몸값을 치르면 모두 풀어 주었고, 가난한 자는 몸값조차 받지 않았다. 이런 그의 기사도 정신이 유럽 세계에 알려지면서 이슬람 세계에 버금가는 존경을 받게 되었다.

3차 십자군은 또 다른 영웅인 영국의 사자 왕 리처드를 탄생시켰다. 종교는 달랐지만 진정한 기사도 정신을 알고 있던 리처드와 살라흐 알-딘은 1192년 휴전 협정을 맺는다. 조건은 예루살렘에 대한 무슬림의 권리를 인정하는 대신 해안선을 따라 늘어선 십자군 소왕국들의 영토와 기독교인들의 예루살렘 순례를 보장하는 것이다. 십자군과의 휴전을 성사시킨 살라흐 알-딘은 이듬해인 1193년 다메섹에서 병사했다.

4차 십자군(1202~1204년)은 이슬람과는 아무 상관없이 같은 기독교 국가인 비잔틴 제국을 약탈한 가장 추악한 십자군이므로 이슬람을

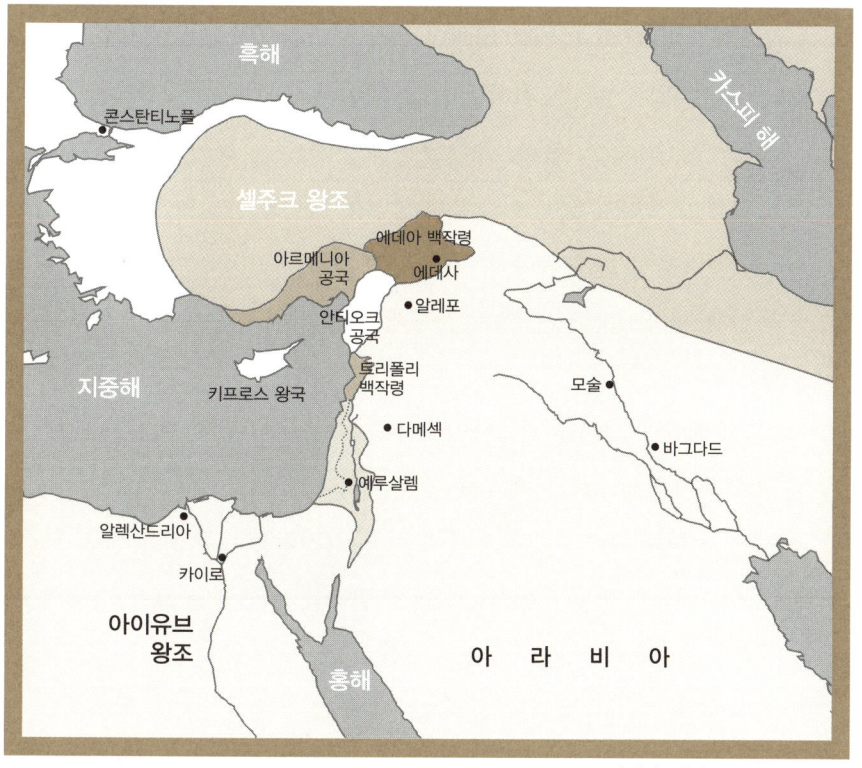

1차 십자군 원정 이후 십자군 소왕국들

주제로 한 이 책에서는 특별히 언급할 필요가 없을 것 같다.

5차 십자군(1217~1221년)은 무슬림의 심장부인 이집트 본토를 향한 대반격의 성격으로 진행되었다. 살라흐 알-딘이 죽고 아이유브조의 술탄이 된 동생 *알-아딜*은 십자군의 진격을 막다가 장렬히 전사했다. 아들 *알-카밀*은 아버지의 유언대로 나일 강의 범람을 이용해 1221년 십자군을 이집트에서 몰아내는 데 성공했다.

6차 십자군(1228~1229년)은 과학과 수학을 사랑한 합리주의자인 독일 황제 프리드리히 2세와 역시 과학을 사랑한 알-카밀 사이의 종교를 초월한 우정을 통해 1229년 희대의 협상을 발표하면서 끝이 났다. 당시의 종교 관념에서는 도저히 용납될 수 없는 협상 내용은 이러했다.

"베들레헴, 나사렛, 욥바, 예루살렘의 순례 길은 독일 황제가 관리하고 황금돔 사원이 있는 이슬람의 성역은 이집트 술탄이 관리한다."

더욱 놀라운 것은 다음 조항이다.

"독일 황제와 이집트 술탄은 공격해 오는 모든 적으로부터 서로를 보호한다."

이런 황당한(?) 협상은 둘 사이의 우정과 종교에 갇히지 않고 시대를 앞서간 개방성으로 인해 가능했던 것이다.

7차 십자군(1248~1254년)은 교황 뺨치는 경건함으로 존경을 받던 프랑스의 루이 9세가 참전했다. 1244년 말라리아를 앓던 그는 병에서 완쾌되면 십자군에 지원하겠다고 서원했고, 병이 낫자 곧 서원을 실행에 옮겼다. 아이유브조의 술탄 *알-살리흐*는 중병임에도 십자군을 끝까지 막다가 사망했다. 이때 이집트의 역사를 바꾼 새로운 군대 세력이 등장했는데, 바로 '맘루크'로 불리는 터키족 노예 용병들이었다. 이들은 1,500명의 십자군을 사살하면서 수도 카이로의 함락을 막아 낸 전쟁의 일등공신이었다. 전쟁은 결국 루이 9세가 포로로 잡히면서 끝났다.

  한편 술탄이 죽었지만 아내인 *샤자르*는 군대의 사기가 떨어질 것을 우려해 이를 숨겼고, 군 지휘관들을 소집해 당시 멀리 떨어진 시리아 지방에 머물던 황태자 *투란샤*를 향한 충성맹세를 받아 냈다. 위기에 처한 국가를 구해 낸 여걸을 어머니로 둔 덕에 투란샤는 순조롭게 술탄에 즉위했다. 하지만 어리석게도 전쟁의 일등공신인 맘루크 군대를 자신의 권좌를 위협하는 불순 세력으로 여기고 핍박하다가 1250년 암살되고 말았다. 이슬람이 낳은 최고의 영웅 살라흐 알-딘이 연 아이유브 왕조는 이렇게 종말을 고했다. 아울러 2세기 동안 유럽을 강타한 십자군 원정의 물결도 그치게 되었다.

CHAPTER.
08

칭기즈칸의 몽골족은 왜 이슬람 제국을 초토화시켰을까?

― 몽골 제국, 이를 막아 낸 이집트의 맘루크

이슬람 세계의 중동과 기독교 세계의 유럽이 2세기에 걸친 십자군 전쟁으로 에너지를 소진하고 있을 때 유라시아 대륙의 구석진 몽골에서는 양쪽 세계를 덮칠 치명적인 먹구름이 일고 있었다. 드넓은 유라시아 대륙의 초원에 흩어져 살던 몽골족이 칭기즈칸으로 알려진 테무친에 의해 통일되고 세계 정복을 시작했기 때문이다. 몽골 제국은 인류 역사에 등장한 수많은 제국들 가운데 가장 넓은 세계 제국을 이루었다.

같은 유라시아 대륙의 유목민이지만 터키족은 일찌감치 이슬람을 받아들여 중동 세계에 알려져 있었다. 하지만 동쪽으로 더 구석진 몽골 초원에서 밀려온 몽골족은 서구와 이슬람 세계 모두에게 완전한 이방인이었다. 칭기즈칸과 그의 후계자들은 당시에 알려진 문명 세계인 기독교의 유럽과 이슬람의 중동을 초토화시켰다. 그들에 의해 비록 허울뿐인 존재였지만 바그다드에서 질긴 목숨을 연명해 오던 압바스 왕조의 칼리프가 1258년 종말을 고했다. 몽골족은 왜 이슬람 세계에 진격해 들어온 것일까? 그리고 이집트의 맘루크군은 어떻게 무적의 몽골군에게 최초의 패배를 안길 수 있었을까?

풍운아 칭기즈칸의 등장

칭기즈칸으로 알려진 테무친이 등장할 무렵인 12세기의 몽골 고원은 군웅이 할거하는 춘추전국시대였다. 부친이 어릴 적에 독살되어 힘들게 자란 테무친은 부족을 통일하고 1206년 45세의 나이에 오논 강변에서 몽골 제국의 '칸'⁽군주⁾에 오른다. 그는 중국을 정복한 금나라의 군사제도를 따라 십진법을 토대로 군 조직을 개편했다. 군대를 십호, 백호, 천호, 만호로 나누고 자신의 심복을 각 부대의 장군으로 파견해 강력한 중앙집권의 군대를 만들었다. 여기에 엄격한 군율을 적용해 순식간에 세계에서 가장 강력한 군대를 만들었다.

테무친은 유목민의 관습대로 농업을 천대했지만 상업을 우대했고 특히 동서 교역로인 실크로드의 지배에 관심이 많았다. 1218년까지 동북아시아를 장악한 그는 서쪽으로 관심을 돌리고 서요⁽西遼, 카라 키타이⁾ 제국을 멸망시켰다. 이로써 완충지가 사라지고 이슬람 세계의 최강자가 된 호라즘과 동쪽의 야생마인 칭기즈칸이 국경을 맞대는 상황이 되었다.

셀주크조가 쇠약해진 틈을 타서 이슬람 세계의 맹주가 된 호라즘은 당시 술탄 무함마드의 지도로 최고 전성기를 달리고 있었다. 너무 잘나가서 무함마드를 교만하게 만든 것일까? 1941년 일본이 진주만 습격으로 중립을 고수하던 미국을 2차 대전에 끌어들여 패망했듯이 '바보 같은' 무함마드는 세계 최강의 군대가 된 칭기즈칸을 제대로 알아보지 못하고 무모한 도발을 했고, 이것은 이슬람 세계의 초토화라는 쓰디쓴 결과로 이어졌다.

무함마드의 '바보 짓'은 이러했다. 호라즘의 국경 도시인 오트라르에 450명의 몽골 대상단이 머물렀는데, 그곳의 총독은 이들에게 간첩죄를 적용해 모두 처형하고 상품을 모두 압수했다. 칭기즈칸은 항의하는 사절단을 보내고 총독의 신병을 요구하지만 무함마드는 오히려 사절단을 모두 죽임으로써 두 번째 실수를 범했다. 칭기즈칸의 복수는 신속하고 엄청나게 진행되었다. 1220년 10만의 칭기즈칸 군대는 40만 군대가 지키던 호라즘의 주요 도시인 오트라르, 부하라, 사마르칸트, 메르브, 니샤푸르를 차례로 정복했다. 점령된 도시는 몽골의 관습대로 며칠간 마음껏 약탈당했고, 이로써 호라즘은 순식간에 공중 분해되었다.

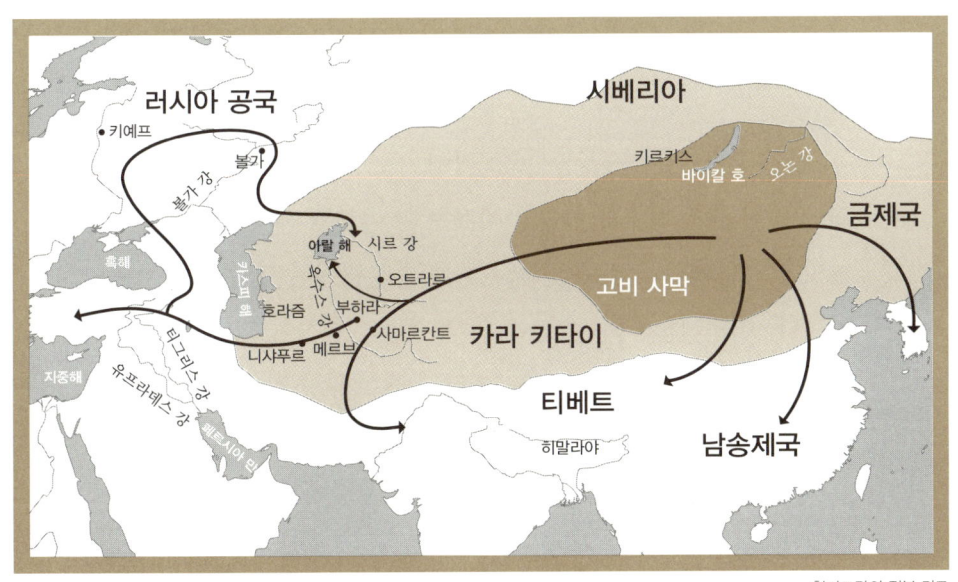

칭기즈칸의 정복 경로

몽골의 진격
- 칭기즈칸의 정복지
- 칭기즈칸 사망시 몽골 제국

무함마드의 바보 짓에서 시작된 칭기즈칸의 '서진'(西進)은 세계사에서 한 획을 긋는 엄청난 사건이었다. 이슬람 세계뿐 아니라 서구 세계도 몽골군과의 첫 대면을 초래한 사건이기 때문이다. 호라즘의 술탄 무함마드를 추격하러 간 몽골의 두 장군은 무함마드를 잡았지만 회군하지 않고 북진을 계속해 1222년 오합지졸인 러시아군을 격파하고 돌아왔다. 세계 최강인 몽골군의 위력을 한 번씩 맛본 서구와 이슬람은 1227년 칭기즈칸이 죽으면서 잠시 유예기간을 갖게 되었다.

유럽의 초토화

2년의 혼란기를 수습하고 오고타이(1229~1241년)가 몽골 제국의 2대 칸에 즉위했다. 서구와 이슬람 세계는 한 차례씩 세계 최강 몽골군의 손맛을 보았지만 그것은 앞으로 펼쳐질 본격적인 재앙의 서막에 불과했다. 이번에는 서구 유럽이 먼저 정벌의 대상이 되었다. 1235년 오고타이는 러시아와 유럽 원정을 결의하고 원정군 총수로 칭기즈칸의 장남인 주치의 아들인 바투를 임명했다.

칸으로부터 '몽골군의 말발굽이 닿는 모든 곳'을 영지로 약속 받은 바투는 12만 원정군을 이끌고 1237년 볼가 강을 건너 유럽에 진입했다. 그리고 러시아의 도시들은 몽골 기마군단의 말발굽에 추풍낙엽처럼 떨어지고 무자비하게 학살당했다. "죽은 사람을 위해 울어 줄 사람도 없었다"라는 유명한 구절은 당시의 참혹한 상황을 잘 대변해 준다. 1240년 '러시아의 어머니'로 불리는 키예프도 함락되고 이 소식을 들은 유럽 대륙은 공포의 도가니에 빠져들었다.

1241년 바투가 이끄는 몽골군은 2만 명의 폴란드-독일 연합군과 조우했다. 전투의 결과를 예측하는 것은 그리 어렵지 않았다. 연합군은 순식간에 궤멸되었고 몽골군은 적군 중 전사자들의 귀를 잘랐는데, 9개의 큰 부대가 가득 찰 정도였다고 한다. 유럽은 가공할 위력을 지닌 몽골의 기마군단을 막아 낼 여력이 없었다. 그나마 같은 해에 교황 그레고리우스 9세가 죽고 교황 자리마저 2년간 공석이 되었다. 몽골의 침략에 직면해 속수무책으로 당한 유럽이 몽골군에 유린되는 것은 그야말로 시간문제처럼 보였다.

그런데 이듬해인 1242년 봄, 몽골군이 갑자기 말머리를 돌려 철군하면서 유럽은 절체절명의 위기에서 구원을 얻었다. 이것을 두고 러시아인들은 키예프인의 용맹 때문에 몽골군이 겁을 먹은 것이라 하고, 유럽 교회의 성직자들은 자신들의 기도가 응답된 것이라고 외쳐댔다. 하지만 몽골군이 철군한 것은 1241년 겨울에 죽은 오고타이 칸에 대한 소식이 그제서야 원정군 진영에 도착했기 때문이다. 원정군 총사령관인 바투의 입장에서는 급박하게 후계자 논쟁이 진행되고 있는 터에 한가롭게 상대도 되지 않는 유럽 미개인(?)과 전투를 계속할 이유가 없었던 것이다. 유럽인들은 몽골을 '타타르'라고 부르는데 이는 '지옥'을 의미한다. 파멸은 가까스로 면했지만 유럽인은 이때 경험한 지옥의 공포를 도저히 잊지 못했다.

바그다드 함락, 압바스 왕조의 최종적 멸망

칭기즈칸에 의해 호라즘이 멸망된 후 이슬람 세계에는 30년의 유예기간이 주어졌다. 4대 칸이 된 몽케(1251~1259년)로부터 이집트 정벌의 명령을 받은 훌라구는 1253년 옥수스 강을 건너 다시 이슬람 세계에 나타났다. 잘 버티던 시아파의 암살단이 섬멸되자 몽골군을 막아 낼 세력이 없었다. 1258년, 드디어 바그다드가 점령되고 구차하고 질긴 목숨을 연명해 오던 압바스 왕조 칼리프의 숨통이 끊어졌다. 비록 허울 좋은 이름뿐이지만 이슬람의 합법적인 중심이던 바그다드의 칼리프가 죽은 것은 이슬람 역사에서 한 시대의 종말을 의미했다. 하지만 칼리프의 죽음으로 인한 정신적인 충격은 그다지 크지 않았다. 어차피 칼리프는 오래전에 실질적 효력을 상실했고, 몽골은 그저 이미 죽은 것이나 다름없는 유령을 살짝 건드리고 썩은 문짝을 걷어 찬 것에 불과했다.

유럽이 파멸 직전에서 구원받은 것과는 달리 이슬람 세계에는 수도 바그다드가 함락되고 칭기즈칸의 손자인 훌라구를 초대 칸으로 하는 '일 한국'이라는 몽골 왕조가 세워졌다. 훌라구의 일 한국은 친기독교적인 분위기에서 출발했는데 훌라구의 어머니인 도쿠즈 카툰이 네스토리우스파 기독교인이었기 때문이다. 1258년 바그다드가 함락된 후 일주일간 도시 전체가 약탈되고 주민이 학살당할 때 기독교인들은 교회당에 피신해 생명을 건질 수 있었다. 마치 여리고 성이 정복될 때 기생 라합이 구원받은 것을 연상하게 한다.

이슬람의 마지막 보루, 이집트의 맘루크

1258년 몽골군에 바그다드가 함락되면서 이슬람의 무게중심은 급속히 이집트로 이동했다. 이슬람의 영웅 살라흐 알-딘이 연 아이유브조를 무너뜨린 맘루크조는 1250년 정식으로 출범했다. 터키계 용병인 맘루크 군대는 프랑스의 루이 9세가 이끈 7차 십자군을 막아 내고 이집트를 구한 일등공신이었다. 하지만 새롭게 술탄이 된 투란샤가 자신들을 핍박하자 그를 암살하고 어머니인 샤자르를 새로운 술탄으로 선포했다. 하지만 바그다드의 칼리프가 여자 술탄을 거절하자 맘루크군은 자신들의 총사령관인 *아이벡*을 샤자르와 결혼시키고 술탄으로 인준 받아 이집트에서 맘루크조를 출범시켰다. 무슬림 공동체는 노예 용병 출신인 이집트의 맘루크조를 무시했지만, 그들이 몽골군을 막아 내며 이슬람의 마지막 보루가 된 것은 분명 역사의 아이러니가 아닐 수 없다.

1258년 바그다드를 점령한 훌라구는 최종 목표인 이집트 정벌을 향한 고삐를 당겼다. 1259년 시리아를 접수하고 이집트 관문인 가자에까지 내려온 훌라구는 술탄 쿠투즈의 항복을 종용했다. 쿠투즈는 결사 항전을 외쳤지만 몽골군의 상대가 될 리 없었다. 바로 이때 몽골의 4대 칸 몽케가 사망했다는 소식이 전해지면서 상황이 급변했다. 훌라구가 장례를 위해 주력군을 이동시키자 쿠투즈는 이에 만족하지 않고 남은 몽골군을 섬멸할 묘수를 찾기 시작한 것이다.

이집트군은 보병이고 몽골군은 기병인데, 수적인 우세를 바탕으로 근접전을 펼치기로 하고 몽골군을 유인하였다. 유인 작전은 맘루크 최고의 장군인 *바이바르스*(1260~1277년)가 수행했고 1260년 아인 잘루트 전투에서 이집트군은 몽골군에게 최초의 치명적인 타격을 안긴다. 아인 잘루트 전투는 세계 전쟁사에 남을 만한 전투인데, 이로써 이집트의 맘루크조는 몽골군의 말발굽에서 이슬람 세계를 지켜 낸 영광스런 보호자로 떠올랐다.

위대한 전투를 승리로 이끈 바이바르스는 내친김에 술탄을 몰아내고 스스로 술탄이 되었다. 맘루크조의 실질적인 창건자인 바이바르스는 바그다드의 마지막 칼리프의 숙부를 이집트로 초청해 무너진 칼리프 제도를 복원했다. 물론 이것은 종교적이기보다는 정치적인 목적이 다분했다. 카이로의 망명자 칼리프는 새 술탄의 즉위식에 불려가 이를 인준해 주는 조건으로 연금을 받는 하급 궁정관리에 불과했기 때문이다.

맘루크조는 2세기에 걸친 십자군 운동에 종지부를 찍으며 1291년 성지 이스라엘에서 십자군 잔당을 완전히 몰아내고 1303년의 몽골군 2차 침입을 격퇴함으로써 명실상부한 이슬람의 맹주가 되었다. 이후 맘루크조는 경제적인 번영을 누렸는데 그 바탕은 지중해권과 인도양권을 잇는 해상 무역을 위해 자국을 통과할 수밖에 없는 국제 무역에 있었다. 맘루크는 자국 통과 상품에 대해 고율의 관세를 붙여 폭리를 취했고, 이 돈으로 막강한 맘루크 군대를 유지할 수 있었다.

이때 맘루크조 이슬람은 인도양, 동아프리카, 말레이 반도, 인도네시아 등에 선교 활동을 하며 이슬람의 2차 팽창기를 이끌었다. 무력으로 이루어진 7세기의 1차 팽창기와 달리 2차 팽창기는 무역 상인들을 통해 이루어졌다. 세계 첨단의 이슬람 문화를 등에 업고 평화적으로 접근한 맘루크 상인들은 쉽게 현지인들의 마음을 사로잡을 수 있었다. 이러한 맘루크의 전성기도 1498년 포르투갈의 바스코 다 가마가 아프리카를 돌아 인도에 도착하는 신항로를 개발하면서 막을 내렸다. 자국 통과 물품에 대한 관세로 유지하던 군대도 더 이상 유지할 수 없게 되자 맘루크조는 1517년 오스만 터키에 멸망했다.

이슬람의 맹주로 등장한 맘루크조와 일 한국

CHAPTER. 09

최후이자 최대의 이슬람 제국인 오스만 터키는 어떻게 탄생했을까?

───── 오스만 터키의 발흥

세계에서 가장 넓은 제국을 건설하고 죽은 '세기의 풍운아' 칭기즈 칸의 몽골 제국은 후계자들에 의해 중국 본토에 자리 잡은 원나라를 중심으로 차카타이 한국, 킵차크 한국, 일 한국으로 나뉘어 여전히 세계를 호령했다.

　칭기즈칸의 손자인 훌라구는 바그다드를 중심으로 한 이슬람 세계를 고스란히 접수하고 일 한국을 세웠다. 이집트의 맘루크군이 몽골군의 진격을 두 차례나 막아 내면서 이슬람의 중심은 바그다드에서 카이로로 자연스럽게 이동했다. 그러나 이것은 최후이자 최대의 이슬람 제국으로 등장할 오스만 터키의 탄생을 위한 막간극에 불과했다. 16세기만을 놓고 보면 오스만 터키는 오늘날 미국을 능가하는 슈퍼 파워(초강대국)요 위대한 제국이었다.

　이슬람 부흥의 마지막 불꽃이 된 오스만 터키의 역사는 몽골이 파괴한 참혹한 잿더미 위에서 타올랐기 때문에 역사에 관심이 많은 사람들에게 특별한 흥미를 자아낸다. 이번 장에서는 이집트의 맘루크 조를 이어서 이슬람 수호를 위한 마지막 주자가 된 오스만 터키 제국의 발흥 과정에 대해 살펴보고자 한다.

오스만 터키의 발흥

　몽골군의 말발굽이 사나운 먼지를 휘날릴 때 터키족의 한 일파가 소아시아 지방 깊숙이 피신해 들어왔다. 에르토그릴을 지도자로 하는 이 그룹은 룸 셀주크의 술탄에게서 작은 영지를 하사 받고 정착했다. 한때 바그다드를 점령하고 이슬람의 수호천사가 된 셀주크조는 몽골 침입으로 맥없이 무너졌고, 몇 개의 분파 정권 가운데 하나인 룸 셀주크조가 소아시아 지방의 '코니아'를 수도로 삼으며 간신히 명맥을 유지하고 있었다. 코니아는 성경에 나오는 '이고니온'으로 디모데의 고향이며 바울과 바나바가 1차 전도여행 때 방문한 도시이기도 하다(행 13:51, 14:1).

룸 셀주크의 술탄은 같은 터키족 분파인 이들 도망자 그룹을 용병으로 받아들여 비잔틴 제국과의 접경지인 부르사 근처에 영지를 하사하고 정착시켰다. 술탄은 이들을 방패막이로 삼아 서쪽의 방위를 든든히 한 후 동쪽의 몽골군을 막을 요량이었다.

1281년 에르토그릴이 죽고 그의 아들 오스만(1281~1326년)이 뒤를 잇는데, 그의 이름을 따서 훗날 제국의 이름이 '오스만 터키'로 불리게 되었다. 오스만은 1308년 자신들을 용병으로 고용한 룸 셀주크를 무너뜨리고 초대 술탄이 되었고, 1326년 비잔틴 제국의 강력한 성곽도시인 부르사를 점령하고 죽었다.

오르한(1326~1360년)은 부르사를 급속히 성장하는 국가의 수도로 삼고 실질적인 국가의 형태를 정비했다. 16세기에 천하를 호령하게 될 오스만 터키는 이렇게 초라하고 소박하게 출발했다.

무라드 1세(1360~1389년)는 다르다넬스 해협을 건너 비잔틴 제국의 본토인 발칸 반도에 상륙했고, 1362년 비잔틴의 2대 도시인 에디르네(아드리아노플)를 정복했다. 그리고 이곳을 부르사에 이어 오스만 터키의 두 번째 수도로 삼았다. 내친김에 그는 1366년 소아시아에서 비잔틴 세력을 일소하고 1371년 마리차 강 전투, 1389년 코소보 전투를 승리로 이끌며 발칸 반도의 대부분을 차지했다.

이로써 부르사와 에디르네 사이에 샌드위치로 낀 비잔틴 제국은 '제국'이란 말이 무색하게도 수도 콘스탄티노플을 중심으로 한 도시

14세기 오스만 제국의 영토

오스만 제국의 영토
- 14세기 중반
- 14세기 후반

국가로 영토가 쪼그라들었다. 476년 서로마 멸망 이후 1000년 가까이 이어 온 비잔틴의 운명은 그야말로 '바람 앞의 등불'이었다. '쥐구멍에도 볕들 날이 있다'고 외치는 지극히 낙관적인 사람도 이런 상황에서는 절망의 깊은 탄식을 할 수밖에 없다. 비잔틴 황제인 요한네스 5세는 이슬람을 신봉하는 오스만 술탄의 봉신이 되어 구차한 목숨을 연명했다. 이제 비잔틴 황제가 비빌 언덕은 같은 기독교 세력인 로마 교황청밖에 없었다. 하지만 비잔틴을 구원할 백기사는 유럽이 아닌 전혀 엉뚱한 곳에서 찾아왔다. 그 백기사에 대한 얘기는 잠시 뒤로 넘기고 여기서는 '초기의 오스만 터키가 어떻게 눈부신 속도로 제국으로 도약할 수 있었는가'에 대한 두 가지 아이러니한 이유를 살펴보자.

첫째, 오스만 터키를 용병으로 고용한 룸 셀주크조가 이들을 서방 기독교 세력의 상징인 콘스탄티노플 방어선의 최전방에 배치한 까닭이다. 오스만 터키는 단순한 방패막이 차원을 넘어서 주변의 작은 이슬람 공국들의 기대와 지원을 한 몸에 받고 지하드$^{(聖戰)}$를 거행한 것이다. 비록 이빨 빠진 호랑이였지만 비잔틴 제국의 수도인 콘스탄티노플은 무슬림 입장에서는 불구대천의 원수요 타도해야 할 이교도의 대명사였다. 콘스탄티노플 공략은 잠자는 무슬림의 전사 스피릿을 고무시키고 이를 한데 모을 수 있는 최고의 화두였다. 오스만 터키는 이를 십분 활용한 것이다.

둘째, 같은 기독교 세력인 제노바의 도움$^{(기독교도 입장에서는 배신)}$ 때문이다. 이탈리아가 통일된 것은 1870년 근대의 일인데 당시 제노바와 베네치아는 지중해 해상권을 놓고 치열하게 경쟁했으며 때로는 전쟁도 불사하는 앙숙이었다. 경쟁에서 밀린 제노바는 베네치아의 배후 세력인 오스만 터키와 1352년 무역협정을 맺었다. 이는 유럽과 중동 역사의 근본적인 관심사가 겉으로 드러난 이슈인 '종교'보다는 '경제', 즉 동서교역을 통한 부의 창출에 있었음을 보여 준다. 스페인을 부추겨 동방으로 향하는 신항로 개발에 앞장선 크리스토퍼 콜롬버스도 베네치아를 끔찍하게 싫어한 제노바 출신이었다. 베네치아에게 밀린 제노바인의 자존심이 신항로 개발에 나서게 만든 무시 못할 동기가 된 것이다.

비잔틴을 구원한 백기사, 티무르 제국

멸망을 앞둔 비잔틴을 구원할 백기사는 뜻밖에도 동방에서 나타났다. 자칭 칭기즈칸의 손자라고 주장하는 절름발이 티무르가 그였다. 중동의 이슬람 심장부에 훌라구가 세운 일 한국이 1353년 멸망하면서 같은 몽골족 출신의 독실한 무슬림인 티무르가 그 자리를 메운 것이다. 그는 '인간 백정'이라 불릴 만큼 무자비한 군주였지만 몽골족의 전통에 이슬람 윤리가 결합된 강력한 군대를 만든 천재적인 사령관이었다. 그의 잔인성은 당시에 유행하던 문구가 잘 보여 준다.

'티무르가 지나간 곳에는 풀도 나지 않는다.'

티무르는 1365년 차카타이 한국을 멸망시키고 사마르칸트를 수도로 삼아 본격적인 정복전쟁을 시작했다. 훌라구의 몽골 군대를 두 번이나 격퇴한 맘루크군도 티무르에게는 적수가 되지 못했다. 1401년 맘루크조가 다스리던 시리아를 유린하고 곧바로 소아시아로 진격한 티무르는 이슬람의 새로운 강자로 떠오른 오스만 터키와의 일전을 남기고 있었다.

티무르는 1402년 오늘날 터키의 수도인 앙카라에서 *바예지드 1세* (1389~1402년)와 격돌했다. 수도인 에디르네를 출발한 술탄의 10만 군대가 행군해 가자 콘스탄티노플은 목표가 자기인 줄 알고 한동안 심장이 멎었을 것이다. 술탄의 대군이 무사 통과하는 것을 확인한 뒤에야 안도의 한숨을 내쉰 콘스탄티노플은 숨을 죽이고 두 이교도들의 싸움을 관전했다. 팽팽할 것으로 예상되었던 싸움은 싱겁게 티무르의 승리로 끝났다. 어디 그뿐인가? 바예지드 1세는 포로로 잡혀 자결함으로써 최후를 맞았다. 비잔틴에게 무적으로만 보이던 오스만 터키군도 티무르 앞에서는 하룻강아지에 불과함이 드러난 것이다. 이로써 콘스탄티노플은 질긴 운명을 반세기 더 연장할 수 있었다.

티무르는 앙카라 전투에서 승리한 지 3년 후인 1405년, 대망의 꿈인 중국 원정을 준비하다가 허무하게 죽고 말았다. 그는 짧은 기간에 방대한 대륙을 정복했지만 그의 죽음과 함께 모든 게 물거품이 되고 말았다. 티무르는 분명 위대한 정복자였지만 제국의 창건자는 아니었던 것이다.

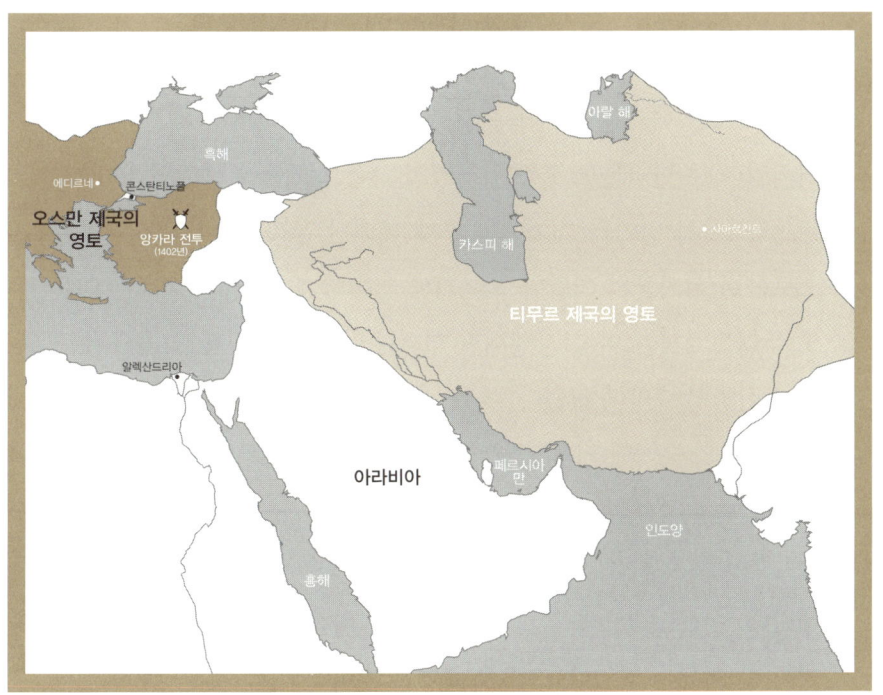

티무르 제국 시대의 주변 정세

비잔틴 제국의 최종 멸망

오스만 터키의 주력군이 박살나면서 주변국은 엄청난 대리만족의 행복감에 빠졌다. 불가리아, 세르비아를 비롯한 발칸 반도의 오스만 터키 속국들도 해방되었다. 1402년 앙카라 전투에서 바예지드 1세가 전사하고 오스만 터키는 술탄이 없는 무정부시대의 혼란기(1402~1413년)를 지나야 했다.

무라드 2세(1421~1451년)는 참담하게 쇠락한 조국을 다시 일으켜 세워야 하는 무거운 부담을 안고 술탄에 즉위했다. 그의 통치 기간 30년 동안 오스만 터키는 무서운 속도로 재기했고 무적의 터키 군대도 재건되었다. 주변국들도 오스만 터키의 속국으로 속속 복귀됐다. 1404년, 그러니까 앙카라 대패 2년 후에 태어난 무라드 2세의 성장기는 초토화된 터키군의 처절한 회복기와 정확하게 일치한다. 그런 이유로 무라드 2세는 다시 강성해진 터키군을 사용하는 데 있어서 누구보다 신중할 수밖에 없었다.

'이슬람의 숙적인 기독교, 그러한 기독교의 심장부인 콘스탄티노플을 점령해 버릴까?'

이것이 다시 최강 군대를 재건한 무라드 2세의 고민이었다. 곰곰이 생각해 보아도 수도와 주변 지역만 남은 비잔틴 제국을 굳이 멸망시켜야 할 이유는 없었다. 그곳은 종교를 떠나서 어느 나라 상인에게나 이상적인 자유 항구였고 (지금의 홍콩과 싱가포르처럼) 터키도 그에 따른 경제적 이익을 충분히 누리고 있었다. 그렇다고 완벽한 성채와 삼면이 바다로 둘러싸인 콘스탄티노플을 정복하자면 분명 엄청난 출혈을 각오해야 할 판이었다. 그는 이상보다는 현실을 택했고 가까스로 재건한 터키군을 무모한 전쟁을 위해 사용하지 않았다.

그는 부강한 터키를 남기고 눈을 감았고, 아들 *메머드 2세*(1451~1481년)가 뒤를 이었다. 1432년에 태어난 그는 완벽하게 재건된 터키 군대의 위용만 보고 자랐고, 술탄으로 즉위했을 때의 나이도 야망이 넘치는 19세였다. 아버지 무라드 2세는 친서방파로서 균형감각을 지닌 *카릴 파샤*를 재상으로 중용했고 그에게 아들 메머드의 양육까지 맡졌다.

메머드가 즉위한 후 카릴 파샤를 재상에 유임시키자 당시 최고의 정보력을 갖춘 베네치아에는 오스만 터키의 친서방정책이 지속될 것으로 보고되었을 것이다. 하지만 서구 제일의 첩보 기관을 갖춘 베네치아의 정보망에도 깊은 밤 터키 궁정의 은밀한 내실에서 일어난 그날의 대화는 걸려들지 않았다.

술탄은 밤중에 카릴을 처소로 불렀고, 늙은 재상은 아들뻘도 안 되는 젊은 술탄 앞에 넙죽 절을 한 후 선물을 담은 은쟁반을 술탄 앞에 내려놓았다. 그것은 한밤중에 고위 신하가 술탄의 부르심을 받았을 때 빈손으로 오지 않기 위해 행하는 관습이었다. 패기에 넘치는 젊은 술탄은 이렇게 말했다.

"그대가 가져온 선물, 그대가 가진 부는 나에게 필요 없소. 아니 그대가 원한다면 나는 더 많은 부를 그대에게 줄 수 있소. 내가 그대에게 원하는 것은 단 하나…… 그 '도시'를 주시오."

늙은 재상은 드디어 올 것이 왔다는 듯 체념하고 최선을 다하겠다는 한마디 약속을 남기고 돌아설 수밖에 없었다. 서로마 멸망 이후 천 년을 버텨 오던 비잔틴의 운명도 드디어 종말을 향한 카운트다운에 들어간 것이다.

패기 넘치는 메머드 2세는 현실보다 야망을 택했고, 후세의 역사가들은 정복자를 뜻하는 '파티흐'로 그를 불러 주었다. 베네치아 상인들을 통해 유럽에서 수입한 화약과 대포는 1453년 두터운 성벽을 자랑하는 콘스탄티노플 정복의 일등공신이었다. 수세기 동안 이슬람이

이스탄불 성 소피아 성당

갈망해 오던 이 도시를 정복함으로써 오스만 터키는 이슬람 세계에서 엄청난 특권과 명예를 누렸다.

이집트의 맘루크조가 차지하던 '이슬람의 맹주' 타이틀이 오스만 터키에게 넘어왔다. 어찌 보면 이것이 세상 물정 모르고 패기만 앞세운 오스만 터키의 젊은 술탄의 목적이었을지 모른다. 정복한 콘스탄티노플은 '이스탄불'로 개명되어 부르사, 에디르네에 이어 오스만 터키의 세 번째 수도가 되었고, 기독교의 자랑인 성 소피아 성당은 이슬람 사원으로 개조되어 지붕에 있는 돔에는 이슬람의 상징인 초승달이 걸렸다. 이로써 세계를 주도하는 패권이 이슬람에게 있음을 만방에 알린 것이다.

맘루크조의 멸망과 오스만 터키 제국의 탄생

오스만 터키는 *셀림 1세*(1512~1520년) 때 정복전쟁의 방향을 동쪽으로 돌리며 제국 탄생의 서막을 알렸다. 하지만 셀림 1세 앞에는 꽤 위협적인 무슬림 적이 가로막고 있었다. 1502년 티무르 제국이 무너진 중동의 심장부에는 시아파를 추종하는 사파비 왕조가 탄생했기 때문이다. 현대 국가 이란의 모태가 된 사파비조는 *이스마일 1세*(1502~1524년) 때 이란 민족주의를 고무시키고 시아파 이슬람을 국교로 삼으며 탄생했다. 수니파의 오스만 터키와 시아파의 사파비조는 이미 관용의 한계를 넘어 서로가 이단자요 찬탈자 관계가 되었다.

1514년 찰디란 전투는 쇠퇴한 이집트의 맘루크조에 이은 이슬람의 패권을 누가 차지할 것인가의 문제와 함께 수니파와 시아파 간의 종교 갈등의 성격이 복합되면서 잔인하게 전개되었다. 이 전투에서 승리한 오스만 터키는 사파비조의 수도 타브리즈를 점령하고 양국은 자국 내 이단 세력인 수니파와 시아파에 대한 무자비한 탄압을 가했다.

사파비조를 꺾은 셀림 1세는 여세를 몰아 시리아, 팔레스타인, 이라크, 메카-메디나의 성지를 차지했다. 이제 이집트 본토로 숨어 들어간 맘루크조의 숨통을 끊는 것만 남았다. 자신들의 영토인 시리아와 팔레스타인을 오스만 터키에 넘겨주고 이집트로 들어간 맘루크조는 소총과 대포 등 화약무기를 앞세운 오스만군이 기사도 정신에 맞지 않는 비열한 방법으로 전투에 임한다고 욕했다. 그리고 자신들은 합법적이고 명예로운 재래식 무기를 고집하고 최후의 전투에 임했다. 결국 1517년 이집트의 맘루크조는 멸망하고 카이로의 허수아비 칼리프는 칼리프 직위를 오스만 술탄에게 양도해야 했다. 술탄 셀림 1세는 칼리프의 직위까지 차지했으며, 이로써 이슬람 역사에서 전무후무한 '술탄-칼리프' 체제가 등장했다.

셀림 1세의 뒤를 이어 술레이만 2세(1520~1566년)가 즉위했다. 그는 '대왕'(Magnificent)이란 칭호에 걸맞게 오스만 터키 제국의 최고 전성기를 이끌었다. 다시 유럽으로 방향을 튼 술레이만 2세는 1526년 모하치 전투 승리로 헝가리 제국을 정복하고 1529년 오스트리아 제국의 수도인 빈을 3주간 포위하지만 정복에는 실패했다. 헝가리가 무너진 상황에서 빈마저 무너지면 유럽 기독교 세계의 이슬람화가 불을 보듯 뻔했기 때문에 기독교 진영이 총력을 다해 빈을 사수한 결과였다. 하지만 기독교 세계는 다시 한 번 이슬람의 공포에 떨 수밖에 없었다. 영국 엘리자베스 여왕 시대 터키 전문 역사가인 리처드 놀스의 말은 터키에 대한 당시 유럽인들의 공포를 잘 보여 준다.

"오스만 터키 제국은 오늘날 지구상의 공포다."

술레이만은 해적 출신인 *바르바로사*를 터키 해군의 제독으로 삼고 베네치아를 중심으로 한 유럽 연합함대를 격파해 지중해의 해상권마저 장악했다. 이것은 영국의 엘리자베스 여왕이 해적 출신인 프랜시스 드레이크를 해군 제독으로 삼아 스페인의 무적함대를 궤멸시킨 것과 흡사하다. 엘리자베스의 무적함대 격파가 시기적으로 늦기 때문에(1588년) 술레이만의 정책을 엘리자베스가 모방한 것이 분명하다. 1534년 바그다드마저 점령하고 이슬람 세계를 통일한 술레이만은 그의 단순한 헛기침만으로도 유럽 대륙을 벌벌 떨게 한 세계 최강자가 되었다.

오스만 터키의 놀라운 성공은 엄격한 규율과 자제 속에서 살아온 지배층이 무슬림 신앙으로 전 세계에 하나의 '움마'(공동체)를 건설하려는 분명한 목표를 가졌기 때문에 가능했다. 압바스 왕조 후기부터 분열된 이슬람 세계에 혜성같이 등장한 오스만 터키는 오랫동안 눌려 있던 무슬림들의 욕구를 자극했고 이를 상당 부분 실현시켜 주었다.

한편 발칸 반도는 그리스 정교회 성직자들의 극심한 농민 수탈로 인해 농민들이 오히려 오스만 터키에 구원을 요청할 지경이었다. 종교개혁자 마르틴 루터도 1541년 발표한 '터키인에 대항한 기도 훈례'

오스만 터키의 전성기를 이끈 술레이만 대왕

에서 탄압받는 가난한 자들이 기독교도 치하보다 터키인 치하에서 살기를 선호한다고 지적한 바 있다. 오스만 터키의 통치를 받게 된 발칸 반도의 농민들은 과거 기독교 통치 때보다 자유롭고 세금도 가벼웠다. 19세기 발칸을 방문한 유럽인들은 오스만 치하의 발칸 농민들의 복지와 만족도에 대해 언급한 바 있다. 19세기에도 이 정도였지만, 유럽의 농민 대폭동이 있던 술레이만 통치 당시에는 삶의 질에서 양쪽(유럽과 터키) 진영 농민은 더욱 뚜렷한 차이를 보였을 것이다.

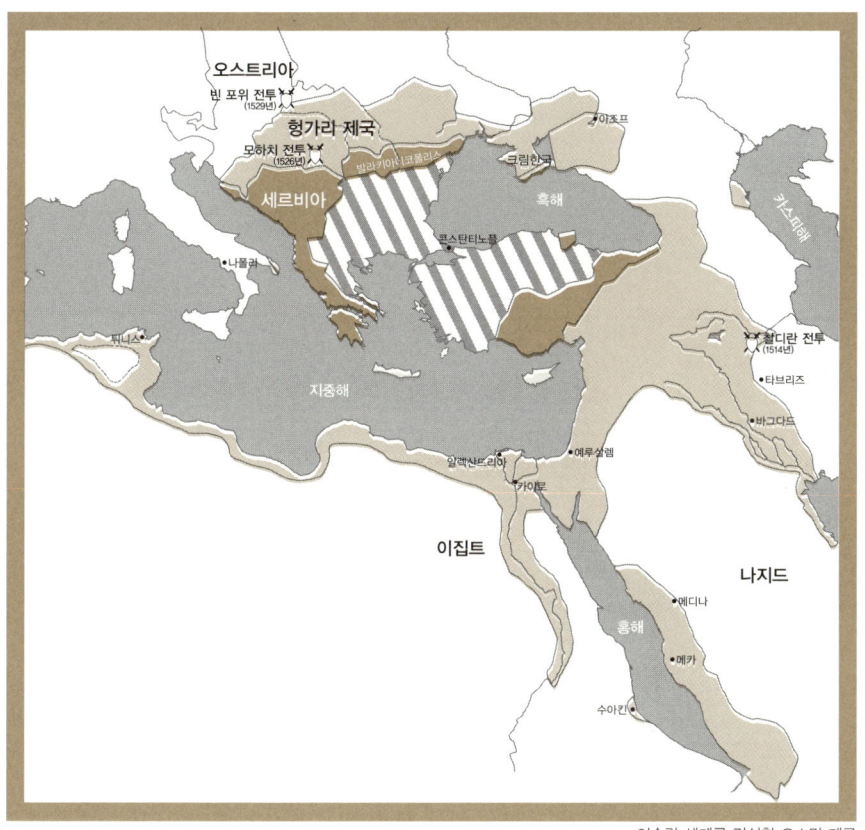

이슬람 세계를 건설한 오스만 제국

오스만 제국의 영토

- 14세기 오스만 제국
- 15세기 오스만 제국
- 16~17세기 오스만 제국

CHAPTER.
10

초강대국 오스만 터키는
왜 무너졌을까?

―― 격동의 16~18세기

몽골 침략의 잿더미에서 피어난 오스만 터키 제국은 발흥만큼이나 쇠퇴 과정도 무척이나 흥미롭다. 술레이만 대제(1520~1566년)가 통치하던 16세기를 가리켜 이슬람 역사가들은 터키 밀물의 파도가 최고조에 달했고 동시에 썰물이 시작된 시기라고 말한다.

헝가리 제국이 무너진 상황에서 오스트리아(합스부르크 가문) 제국은 기독교 세계인 유럽을 지키는 마지막 방파제 역할을 맡았다. 1529년에 시작된 빈 1차 침공을 이끈 술레이만 대제는 비록 빈 함락에는 실패했지만, 이들의 퇴각은 '작전상 후퇴'의 성격이 강했고 유럽을 한동안 공포에 떨게 만들기에 충분했다. 하지만 1683년에 있었던 빈 2차 침공 실패는 오스만 터키에게 치명적이고 총체적인 패배를 안겨 주었고 터키에 대한 유럽인들의 뿌리 깊은 공포감을 불식시켜 주었다.

그럼에도 오스만 터키는 멸망의 시기를 몇 세기 더 늦추어 20세기까지 존속했다. 17세기 이후 이빨 빠진 호랑이가 된 오스만 터키가 제국의 위엄을 몇 세기 더 이어 갈 수 있었던 이유는 무엇일까? 이번 장에서는 술레이만 대제가 죽으면서 점차 몰락해 가는 16세기 중반부터 프랑스의 나폴레옹 침략으로 서구의 반격이 본격화된 18세기 말까지 '격동의 3세기' 동안 전개된 오스만 터키 역사를 집중적으로 다루고자 한다.

주정뱅이 셀림 2세

오스만 터키의 역사가는 제국의 쇠퇴 시점을 1566년 술레이만의 사망으로 본다. 술레이만은 위대한 정복자답게 헝가리 공략 중 진영 안에서 사망했다. 전투는 아직 '진행형'이었고 승리는 장담할 수 없었으며 왕위 계승권자는 멀리 떨어져 있었다. 수상은 술탄의 사망을 비밀에 부치고 시신을 밀랍 처리하여 후계자인 *셀림 2세*(1566~1574년)가 등극할 때까지 3주 동안 숨겼다.

새로운 술탄은 '주정뱅이 셀림'이란 별명처럼 늘 술에 취해 있던 무능력자였고, 이는 제국이 쇠락할 수밖에 없는 운명적인 전조가 되었다. 셀림은 무병장수한 아버지의 장기집권으로 인해 42세의 늦은 나이에 술탄이 되었다. 그렇다고 황태자 시절이 길었던 것도 아니다. 장남이었고 게다가 유능하기까지 한 이복 형이 그를 대신해 황태자 수업을 충실하게 받고 있었던 것이다. 많은 나라에서 그렇듯이 셀림은 왕위 계승권에서 밀려난 왕자이기 때문에 일찍부터 쾌락에만 탐닉했다. 그것만이 정쟁에 휩싸이지 않고 천수를 누릴 수 있는 유일한 길이었기 때문이다. 하지만 즉위를 2년 앞둔 형(바예지드)은 페르시아에서 반란을 일으키다가 실각했고, 그 덕분에 셀림은 생각지도 않던 술탄의 자리에 어부지리로 오르게 되었다. 부질없는 상상이겠지만 능력 있는 바예지드가 '대왕'으로 칭송 받는 술레이만의 뒤를 이었다면 이후의 역사는 어떠했을까?

알코올에 절어 늘 음지에만 숨어 살다가 42세에야 드디어 양지바른 곳에 나오게 된 최고권력자 셀림은 대왕으로 추앙 받는 아버지를 뛰어넘어야 한다는 한 가지 망상에만 사로잡혔다. 술탄으로서 그의 첫 직무는 베네치아가 차지하고 있던 키프로스 섬을 빼앗는 것이었다. 유럽 최고의 해군을 보유하고 있으나 영토 확장에는 아무런 욕심이 없고 장사에만 집중하는 베네치아와 술레이만은 늘 중립을 유지해 왔지만, 셀림은 그런 베네치아와 제대로 한판 붙어 보고 싶었다.

물론 알코올중독자인 셀림은 유럽산 최고 품질의 포도주가 생산되는 키프로스 섬 자체가 탐 나기도 했을 것이다. 키프로스 섬은 베네치아 영토가 된 뒤 100년 동안 효율적인 경영과 품질 관리로 유럽 최고의 명품 포도주를 생산했다. 중요한 건 베네치아의 경영 기법이지, 키프로스 섬만 손에 넣는다고 해서 고급 포도주까지 따라오는 것이 아님은 삼척동자도 아는 사실이었다. 하지만 술로 인해 늘 흐리멍텅한 셀림은 거기까지 생각이 미치지 못했다.

1570년 셀림은 원하던 키프로스 섬을 얻었지만, 이는 베네치아를 중심으로 한 유럽 연합함대와 오스만 터키 해군이 제대로 한판 붙게 되는 '레판토 해전'을 초래했다. 1571년의 레판토 해전은 유럽 연합함대의 대승으로 끝났고, 이것은 오스만 터키의 연승 신화를 깨고 유럽에게 자신감을 안겨 준 전쟁이 되었다. 전쟁이 끝나고 3년 후인 1574년에 셀림은 사망했다. 키프로스산 최고급 포도주를 잔뜩 마시고 술에 취해 욕실에서 미끄러져 타일 바닥에 머리를 부딪친 것이 사인(死因)이었다.

레판토 해전의 패배는 유럽에 대해 일방적 우세를 점하던 오스만 터키가 기울게 된 역사적 시발점이었다. '부자가 망해도 3대를 간다'는 말처럼 내부적인 쇠퇴가 오스만 군대의 멋진 외관 때문에 유럽 기독교도나 터키의 무슬림 모두에게 한참 동안 가려져 있었을 뿐이다.

17세기: 줄어드는 격차와 유럽의 추월

17세기는 유럽과 오스만 터키 간의 팽팽하던 균형 추가 점차 유럽으로 확실하게 기울면서 끝이 났다. 1606년 오스트리아-오스만 터키 간에 맺은 시트바토로크 평화조약은 양 세력이 최초로 동등한 조건에서 협상 테이블에 앉아 조인한 것이다. 1699년 양국 간에 다시 맺은 카를로비츠 평화조약은 승리한 유럽 연합의 결정에 오스만 터키가 일방적으로 강요당해 조인한 굴욕적인 협정이었다. 이 조약으로 오스만 터키는 헝가리 지역을 포기하고 유럽에서 완전히 후퇴해야 했다.

이처럼 17세기는 동등권에 대한 마지못한 양보로 시작해 패배를 굴욕적으로 인정함으로써 마감되었다. 17세기 이전에도 오스만 터키는 유럽과 몇 차례 조약을 맺었지만 진정한 의미의 협상이 아니었다. 승자인 오스만의 위세에 눌려 유럽이 억지 도장을 찍은 것에 불과했다. 놀랍게도 불과 1세기 만에 양대 세력에 역전 현상이 발생한 것이다. 도대체 양쪽 진영에서는 무슨 일이 일어난 것일까?

첫째, 14~17세기에 이르는 3세기 동안 일방적으로 기독교 세계를 유린하면서 생긴 오스만 터키의 자만심이다. 이슬람 문명은 세계를 '문명 세계'(다르 알-이슬람. 이슬람 세계)와 '전쟁 세계'(다르 알-하르브. 이교도 세계)로 양분해서 이해하고, 이 세상에서 이슬람 세계를 확장하는 것을 유일한 소명으로 삼는다. 이 시기에 주변을 아무리 둘러봐도 이슬람에 필적할 만한 종교가 없었고, 세속 권력으로도 칼리프 제도와 견줄 만한 게 없었다. 동쪽에 위치한 중국과 인도 역시 위대한 문명을 이룩했지만 이슬람 세계를 심각하게 도전한 적이 없다. 몽골의 침략이 파괴적이었지만 정복자 몽골은 곧 이슬람으로 개종하고 이슬람 속으로 동화되어 들어왔다.

하지만 유럽에 위치한 서쪽 세계는 늘 상황이 다르게 전개되었다. 그곳에는 자신들과 유사한 사명감을 갖고 있는 또 다른 세계 종교인 기독교가 버티고 있었다. 이슬람은 국경을 맞대고 있던 비잔틴에 대해서는 약간의 존경심을 가졌다. 물론 존경은 하지만 두려워하지는 않았다. 비잔틴에 대한 존경심은 그 속에서 자신들보다 뿌리가 깊은 고대 그리스와 로마의 문화적 유산을 보았기 때문이다. 반면 게르만족의 나라인 북유럽과 서유럽은 노예로 삼는 것 외에는 아무 가치도 위협도 매력도 없는 투박한 미개인으로 여겼다.

둘째, 17세기 한 세기 동안 이루어 낸 유럽의 비약적인 성장이다. 16세기에 유럽은 포르투갈, 스페인을 시작으로 대항해시대를 열었고, 교역의 주무대는 지중해에서 대서양으로 옮겨졌다. 1453년 오스만 터키가 비잔틴의 최후 보루인 콘스탄티노플을 정복하고 지중해의

해상권마저 장악해 버리자 유럽은 지긋지긋한 원수인 이슬람 세계를 통과하지 않고 노다지 품목인 '향품과 후추'의 나라 인도와 동남아로 향하는 신항로를 개척하기 시작했다.

여전히 지중해와 인도양 바다에서 놀던 오스만 터키인과 달리 대서양의 드넓은 바다를 무대로 활약하는 유럽인에게는 많은 이점이 제공되었다. 이럴 때 '노는 물이 다르다'는 말을 쓰는 것 같다. 대서양의 폭풍을 뚫고 전진하도록 건조된 유럽의 선박은 지중해와 인도양에서 놀던 오스만 터키의 선박보다 톤수에서 월등하게 앞섰다. 유럽의 선박은 평상시에는 엄청난 물량을 저렴한 가격에 운송했고, 전시에는 많은 무기를 실을 수 있었다.

물류 비용은 줄고 신대륙과의 무역으로 교역은 비약적으로 늘어나자 자연스럽게 중상주의와 자본주의가 유럽에 출현했다. 드넓은 세계 시장을 무대로 '생산자' 중심의 경제로 전환한 유럽은 이를 지원한 정부와 자본가의 궁합이 들어맞으면서 눈부신 경제 성장을 이룩한 것이다. 유럽에서 태동한 '생산자' 중심의 새로운 경제체제는 여전히 '소비자' 중심의 사회인 중동에는 전혀 알려지지 않은 획기적인 시스템이었다.

셋째, 오스만 터키의 자랑인 예니체리 군단의 군기 문란과 타락이다. '신군'(新軍)을 의미하는 예니체리 군단은 무라드 1세(1360~1389년) 때 창설된 술탄 직속 최정예부대다. 기독교 자녀들을 무슬림으로 개종시키고 훈련시켰는데, 이들은 일생 결혼하지 않으며 오로지 술탄에게만 충성하도록 특수 훈련되었다. 예니체리 군단은 14~16세기 오스만 터키가 왕성한 정복전쟁을 펼칠 때 핵심적인 역할을 감당했다.

충성과 헌신의 대가로 국가로부터 높은 봉급을 받은 예니체리 군단은 단번에 고위직에 오를 수 있는 출세의 등용문이기도 했다. 제국이 안정되자 예니체리 군단은 점차 막강한 권력과 강력한 집단 연대로 뭉친 폐쇄적이고 특권적인 조직으로 변했다. 점차 결혼이 허용되고 1568년부터 예니체리 군단의 자식들이 자동으로 군단의 병적부에 이름을 올리면서 초기와 같은 선발의 신중함과 혹독한 훈련도 사라졌다. 이후 이들은 명목상은 술탄의 노예지만 종종 술탄의 머리 위에서 노는 세력으로 부상했다. 길거리에서는 작은 시비로도 여차하면 싸울 준비가 되어 있었지만, 전쟁터에서는 훈련된 적들을 대항할 수 없는 쓸모 없는 존재로 변했다. 한마디로 이들은 명목상 군인이지만 무장된 불량배와 조직폭력배 수준으로 타락한 것이다. 강력한 오스만 터키 제국을 견인한 예니체리 군단은 결국 제국 자체를 상하게 하는 '양날의 검'이 되고 말았다.

넷째, 열심히 배운 유럽과 배우지 않은 오스만 터키로 인해 시간이 갈수록 격차가 더욱 벌어졌다. '손자에게서도 배울 게 있다'는 말이 있듯이 지속적인 발전을 위해서는 중단 없는 배움의 과정이 필요하다. 16세기 전반 오스만 터키의 위용이 절정에 이르는 것을 경이롭게 바라본 유럽은 그 제도 안에서 효율적이고 중앙집권적인 '절대주의 국가'의 모델을 발견했다. 마키아벨리(1469~1527년)를 비롯한 유럽의 사상가들이 허울뿐이고 허약한 프랑스 왕을 오스만 터키 술탄의 막강한 권력과 비교하며 유럽의 분발을 지적할 때 이미 두 군주의 역할이 역전될 배움의 현상이 진행되고 있었다. 17세기로 넘어가면서 프랑스 루이 14세 $^{(1643\sim1715년)}$가 '짐이 곧 국가'라고 선포하며 절대 권력을 휘두를 때 오스만 터키의 술탄은 이미 예니체리 군단과 신하의 허수아비가 되고 말았다.

유럽은 16세기 이후 본격적으로 대항해시대를 열며 경제적, 정치적으로 비약적인 발전을 이루며 추격했지만, 이것은 오스만 제국에 아무런 자극을 주지 못했다. 게으른 토끼는 언제든지 부지런한 거북에게 추월당할 수 있는데 그것이 16세기 이후 양쪽 진영에서 실제로 일어났다. 포르투갈, 스페인, 네덜란드, 영국, 프랑스 등 유럽이 서로에게 강력한 자극제가 되면서 무한경쟁 속에서 근대국가로 비상할 때, 오스만 터키는 이미 광활한 영토와 인력과 자원, 게다가 중앙집권화된 통제력까지 갖추고도 긴장의 허리띠를 풀어헤친 채 정체되었고 종국에는 파멸로 치닫고 있었다.

오늘날 세계적인 기업으로 성장한 삼성의 이면에는 선의의 경쟁자인 LG의 존재가 한몫했다는 말이 있다. 영국과 프랑스의 무한경쟁, 여기에 비록 후발주자이지만 강력한 도전자가 된 독일의 등장은 불과 몇 세기 만에 유럽이 이슬람 세계와 격차를 좁히고, 결국은 엄청난 격차로 추월하며 세계의 지배자가 되도록 이끈 강력한 촉매제가 되었다.

18세기: 유럽의 본격적인 반격

18세기로 넘어가자 유럽의 본격적인 반격이 시작되었다. 그 선봉에 오스트리아와 러시아가 섰고 영국과 프랑스가 바통을 이어받았다. 오스트리아는 헝가리 땅을 되찾았다. 하지만 18세기 오스만 터키에게 가장 위협적인 세력은 무서운 속도로 남하하는 러시아였다. 1480년 모스크바의 짜르^(황제) 이반 3세^(1462~1505년)는 역사가들이 '타타르의 멍에'^(몽골의 식민 통치)라 부르던 상태를 타파하고 조공과 예속에 종지부를 찍었다. 이후 성공적으로 자신의 영토에서 무슬림을 쫓아내고 남진을 계속했는데, 러시아의 목적은 겨울에도 얼지 않는 부동항^(不凍港)을 얻는 것이었다.

러시아는 근대화를 이끈 표트르 대제^(1682~1725년) 때 힘을 비축한 후 여왕 예카테리나 2세^(1762~1796년)에 이르러 오랜 숙원을 이룩했다. 1768년부터 오스만 터키를 몰아붙인 러시아는 1774년 큐축카이나르자 조약으로 오스만 터키에게 철저한 굴욕을 안겨 주었다. 이 조약은 이후 유럽-중동 관계에서 일대 전환점이 되었는데, 예카테리나 여왕은 조약의 전리품을 '러시아가 이전에 결코 가져 보지 못한 성공'으로 묘사했다.

첫째, '영토' 면에서 그리 크지는 않았지만 전략적으로 중요한 크림 반도 동쪽의 케르치 항구와 성채들을 얻었다. 이것은 1783년 크림 반도 전체를 합병할 수 있는 길을 열어 주었다. 특히 러시아는 오스만 터키에게 복속되어 있던 타타르(몽골) 소국들을 차지했는데 이는 무슬림들의 자존심에 큰 타격을 주었다. 오스트리아에게 빼앗긴 헝가리 지역은 원래 기독교도의 땅이었지만 크림 반도의 타타르 소국들은 무슬림 지역으로 과거의 무슬림 영토를 기독교 정복자들에게 빼앗긴 최초의 사건이었기 때문이다.

둘째, '교역' 면에서 흑해에서 지중해로 나가는 해협을 자유롭게 왕래하며 무역할 수 있는 권한을 얻었다. 아울러 1784년 군항 세바스토폴, 1894년 상업항 오데사를 건설했다.

셋째, '영향력' 면에서 오스만 터키의 주요 도시에 러시아 영사관을 개설할 수 있는 권리를 얻었다. 이는 서구 열강들이 오랫동안 시도했지만 실패한 특권이었다. 러시아는 터키 내의 자국 영사관을 통해 치외법권을 누렸고 교묘한 법 해석을 통해 오스만 터키의 내정에 깊이 간섭할 수 있는 우위를 점하게 되었다.

오스만 터키에 가장 위협적이던 러시아의 확장

CHAPTER. 11

'동방 문제'란 무엇인가?

서구 열강들의 먹이가 된 오스만 터키

17세기에 힘을 비축한 유럽은 18세기로 넘어가면서 몇 번의 '잽'을 날리며 탐색전을 펼치다가 본격적으로 오스만 터키 사냥에 나섰다. 초기에는 오스트리아와 러시아가 선봉에 섰는데, 우습게도 열강들의 상호 견제와 눈치작전은 오스만 터키를 보호하는 방패막이 되어 주었다. 사냥감 하나를 놓고 여러 사냥꾼들이 경쟁하는 꼴이 되었기 때문이다. 하지만 후기로 넘어가면서 러시아의 급속한 남하 정책으로 이러한 방패에 균열 조짐이 보이더니 1798년 프랑스가 오스만 터키령인 이집트를 정복함으로써 방패막은 사실상 무용지물이 되고 말았다. 더 이상 탐색전과 눈치를 볼 것 없이 사정없는 공략이 시작된 것이다.

  18세기에 오스트리아와 러시아만 상대하던 오스만 터키는 19세기로 넘어가면서 영국과 프랑스라고 하는 새로운 '절대강자'를 만나게 되고, 이쯤 되면 언제 멸망한다 해도 전혀 이상할 게 없는 상황에 처하게 되었다. 그럼에도 오스만 터키 제국이 1세기를 더 연명한 데는 4대 강대국들로 인해 새로운 역학관계가 형성되었기 때문이다. 하지만 당장의 급속한 멸망만 면했을 뿐이지 열강들에 의해 야금야금 뜯어 먹히면서 서서히 멸망해 갔다.

  거대한 제국 오스만 터키의 쇠퇴는 19세기에 '동방 문제'(Eastern Question)라는 새로운 외교적 용어를 탄생시켰다. '동방 문제'란 무엇일까? 동양인들이 골치 아픈 문제라도 일으켰다는 말인가? 동방 문제는 서유럽 입장에서 본 '동방', 특히 오스만 터키 제국의 문제로서 터키 제국 내 피지배 민족의 독립운동과 이를 둘러싼 서구 열강들의 피튀기는 이해관계를 가리키는 말이다.

이번 장에서는 19세기 세계사의 최대 이슈인 '동방 문제'를 중심으로 열강에게 뜯어 먹히는 오스만 터키의 비참한 운명에 대해 다루고자 한다.

소아시아 본토의 오스만 터키 : 근대화와 개혁을 향하여

1798년 나폴레옹이 이끄는 프랑스군이 오스만이 종주국으로 있던 이집트를 정복함으로써 간신히 버텨 오던 오스만 신화는 무참히 깨졌다. 변화된 현실을 직시하지 못하고 유럽의 기독교 세계를 여전히 열등한 세계로 터부시하던 오스만 터키는 이때부터 '우리와 적들'이란 용어를 사용하며 연이은 참패의 원인을 분석하기 시작했다. 이전에도 분석과 토론은 있었지만 '적들'에 대한 관심은 빠졌고 그저 '우리', 즉 자체 내 문제만 분석하는 수준이었다.

하지만 이것도 윗선에 있는 정치 지도자 수준에서만 일어난 현상이고 대다수 국민은 변화된 세계를 감지하지 못한 채 알라의 은총 속에 무슬림의 자부심을 지키며 살아갔다. 몇 세기 동안 자신들이 유럽에 수출해 오던 커피, 설탕, 면화 등이 오히려 유럽에서 중동으로 역수출되는 상황이 벌어지자 드디어 환상에서 깨어나기 시작했다.

중동산 작물은 먼저 국외 시장에서 찬밥 대우를 받더니 마침내 국내 시장에서도 값싼 서구 제품에 밀려나기 시작했다.

이런 현상은 '한 잔의 커피' 속에 상징적으로 잘 나타나 있다. 커피와 설탕은 원래 중동에서 유럽으로 소개되었다. 네덜란드인들은 인도네시아의 자바 식민지에서 커피를, 프랑스는 서인도제도 식민지에서 설탕을 재배해 중동에 역수출하기 시작했다. 유럽인들이 식민지에서 대규모 플랜테이션 농법으로 생산한 작물은 가격도 저렴하고 품질도 우수했다. 결국 중동의 오스만 터키인들이 마시는 커피는 오직 '뜨거운 물'만 국산이고 커피와 설탕이 모두 유럽산이 되는 웃지 못할 해프닝이 벌어졌다.

계몽군주로 알려진 *셀림 3세*(1789~1807년)는 비록 늦은 감은 있지만 유럽의 우월성을 인정하고 부분적으로나마 유럽을 배우는 과감한 개혁을 시도했다. 재상 한 사람에게 집중된 권력을 12부처 내각으로 분산하고 인쇄소를 도입해 유럽 서적을 번역 출간해 보급했다. 특히 아무도 손댈 수 없는 군 조직에까지 메스를 가하며 유럽식 군대로 개편하다가 전통적 군 조직인 '예니체리' 군단의 반발을 초래했다. 이미 술탄의 노예가 아니라 술탄의 머리 위에서 놀던 예니체리 군단은 셀림 3세에 대항해 반란을 일으켜 술탄을 폐위하고 처형하는 하극상의 극치를 보여 주었다. 결국 오스만 터키를 강하게 한 예니체리 군단이 말기에는 오스만 터키의 근대화와 개혁의 발목을 잡는 '수구꼴통' 세력이 된 것이다.

예니체리 군단이 세운 허수아비 술탄인 *무스파타 4세*의 1년 통치가 끝나고 *마흐무드 2세*(1808~1839년)가 술탄에 즉위했다. 마흐무드는 천천히 힘을 길러 1826년 예니체리 병영을 공격해 이들을 완전히 소탕하고 제국의 근대화에 박차를 가했다. 그가 추진한 개혁의 압권은 무슬림 남자들이 머리에 착용하는 터번을 터키식 모자로 바꾼 것이다. 그의 통치 기간은 프랑스 혁명의 여파로 발칸 반도에 민족주의 열풍이 거세게 밀어닥칠 때였다. 1822~1827년에 일어난 그리스의 독립 전쟁에서 영국과 러시아의 지원을 받은 그리스 독립군이 승리하고, 1829년 그리스는 오스만 터키로부터 독립을 승인 받았다. 유럽 문명의 모태인 그리스가 이슬람의 속국이 된 오랜 역사는 유럽인의 자존심에 큰 상처를 안겼고, 그리스 독립 전쟁은 많은 유럽인들을 의용군으로 지원하게 만들었다. 그중에는 영국의 낭만파 시인 바이런도 있었다.

압드 알-마지드 1세(1839~1861년)도 즉위와 함께 대대적인 개혁을 실시했다. 이런 가운데 열강들의 찬탈도 이어졌다. 러시아의 도발적인 남하 정책은 1853~1856년에 발생한 크림전쟁에서 노골화되었고, 이 전쟁은 러시아 남하를 경계한 영국, 프랑스가 오스만 터키를 지원함으로써 오스만 터키 측의 승리로 돌아갔다. 하지만 세상에 공짜란 없다. 이후 오스만 터키는 영국과 프랑스의 영향력 아래 놓였다.

압드 알-하미드 2세(1876~1909년)는 1876년 서구식 헌법을 만들어 입헌군주국 터키를 만들지만 이듬해 러시아와의 전쟁을 빌미로 의회를 해산했다. 그는 언론의 자유를 보장하고 이스탄불 대학을 여성에게도 개방했다. 하지만 국내외 자유주의 물결이 오히려 술탄제 폐지 요구로 이어지자 위협을 느끼고 강력한 독재로 돌아섰다. 이에 반발한 젊은 장교들을 중심으로 '청년터키당'이 만들어지고 이들은 1908년 혁명을 승리로 이끌었다. 술탄을 폐위하고 동생 *메머드 5세*^(1909~1918년)를 그 자리에 앉혔지만 터키는 헌법에 기초한 입헌군주국으로 새롭게 태어났다.

이집트: 서구 열강의 각축장이 되다

1517년 셀림 1세는 맘루크^(터키계 노예 용병) 배신자의 도움으로 손쉽게 맘루크조 이집트를 정복할 수 있었다. 배신에 대한 대가는 상당했는데, 그 배신자는 오스만 터키의 속주로 떨어진 이집트의 초대 총독이 되었고 기존의 맘루크 체제도 그대로 존속할 수 있었다. 결국 술탄에서 총독으로 격하된 것을 빼면 이집트의 맘루크 지배 계층은 그대로 권력을 유지했다. 이집트의 토착민들은 고위관료층에 발탁되지 못했고 여전히 세금을 착취당하는 다수의 서민에 불과했다. 이스탄불의 중앙 권력이 약화되자 17세기 중엽부터 맘루크들은 다시 득세하기 시작했고 18세기부터는 맘루크 군부의 파당끼리 심각한 권력 투쟁이 진행되었다.

19세기부터 겪게 될 오스만 터키의 잔혹사는 1798년 프랑스의 이집트 침공에서 시작되었다. 식민지 쟁탈전에서 영국에 늘 밀리기만 하던 프랑스는 단번에 판세를 바꿀 수 있는 히든 카드로서 이집트 침략을 감행했다. 이집트 원정은 나폴레옹이 맡았는데, 당시 탈레랑 수상은 새롭게 부상하는 나폴레옹을 중앙 정치 무대에서 떼어 내려는 의도로 이를 맡겼다. 그러나 의도와 다르게 나폴레옹이 불과 일주일 만에 이집트를 장악해 버림으로써 오스만 터키의 실체와 유럽의 우월성이 만천하에 드러났다.

오스만 터키가 종주권을 갖고 있던 이집트를 프랑스가 도발적으로 정복해 버리자 그동안 오스만 터키에 대한 침략의 구실만 찾고 있던 영국도 본격적으로 개입하기 시작했다. 1801년 영국은 프랑스를 쫓아내고 오스만령 이집트를 해방시켰다. 비록 3년뿐인 짧은 통치였지만 이것은 단순한 '해프닝'으로 넘어갈 사건이 아니었다. 프랑스의 도발은 서구의 작은 원정도 중동의 심장부를 가뿐히 정복할 수 있고, 그들의 철수도 또 다른 서구 세력에 의해서만 실현될 수 있다는 뼈저린 현실을 보여 주었기 때문이다.

1798년 프랑스의 이집트 침공은 이후 오스만 영토 내에서 영국, 프랑스 간의 불꽃 튀는 경쟁을 초래했다. 이 경쟁은 후발주자로서 강력한 경쟁자가 된 독일의 등장으로 1904년 영국-프랑스 협정이 맺어질 때까지 계속되었다.

1801년 프랑스를 쫓아낸 영국이 자국 문제로 미련 없이 철수하자 이집트의 지배권을 놓고 터키 중앙정부군과 이집트 맘루크군 간에 격돌이 시작되었다. 하지만 3년간의 프랑스 통치에서 나폴레옹의 혁명 사상을 맛본 이집트 민중들이 또 다른 변수로 등장했다. 이집트 민중들이 터키의 중앙정부군과 맘루크군 모두를 거부하며 1804년 거국적인 봉기를 일으킨 것이다. 1250년부터 이집트를 무자비하게 통치해 온 맘루크 지배층과 멀리 떨어져 있어 현지 사정을 전혀 모르는 터키 정부에 더 이상 이집트의 운명을 맡길 수 없다는 자각이 민중들 가운데 싹튼 것이다.

　1805년 민중들에 의해 총독에 선임된 *무함마드 알리*(1805~1848년)는 '근대 이집트의 아버지'로 불리기에 부족함이 없는 인물이었다. 그는 오스만 터키의 종주권을 형식적으로나마 인정하고 영국-프랑스 등 열강의 신경을 건드리지 않는 '줄타기' 외교술을 펼치며 조국 근대화를 이루어야 하는 쉽지 않은 임무를 성공적으로 완수했다. 서구 문물을 과감히 도입해 유럽화를 추구한 알리로 인해 이집트는 유럽 문물이 중근동으로 흘러 들어오는 통로가 되었다.

　오스만 술탄의 명을 받고 1812년 아라비아 반도의 와하브 반란군을 성공적으로 진압한 무함마드 알리는 1840년까지 아라비아 반도의 실질적 통치자가 되었다. 1820년 수단, 1831년 시리아를 정복한 알리는 1839년 자신의 주군인 오스만 술탄(마흐무드 2세, 1808~1839년)의 군대를 패퇴시키고 그를 화병으로 죽게 만들었다. 오스만 터키의 해군마저 이집트 해군에 의해 궤멸되자 오스만 터키 제국은 그야말로 붕괴 직전에 처했다. 알리의 눈부시고 경이적인 성공은 영국과 프랑스를 당혹하게 만들었고, 자칫 알리를 통해 이슬람 세계가 통일될 것을 염려한 영국과 프랑스는 1841년 본격적인 개입에 나섰다. 결국 알리의 이집트 군대는 이집트, 수단 외의 전 지역에서 철수하고 10만이 넘는 병력은 1만 8,000명으로 제한하도록 강요 받았다.

　이집트를 놓고 열띤 경쟁을 벌이던 영국과 프랑스는 이집트 총독 사이드(1854~1863년)가 프랑스에게 수에즈 운하 건설에 대한 허가권을 주면서 프랑스로 급격히 기울게 되었다. 지중해와 홍해를 연결하는 수에즈 운하 계획은 최초로 프랑스인 레셉스가 제안했지만 영국은 언론을 통해 이를 무모하고 터무니없는 계획이라고 선전하며 방해 공작을 펼쳤다.

수에즈 운하 건설은 전적으로 레셉스 개인의 의지와 기술력, 인맥을 통해 가능했다. 그는 스페인 외교관 시절 훗날 나폴레옹 3세의 황후가 될 소녀인 유제니와 깊은 친분을 쌓게 된다. 이어 이집트 영사로 오게 된 레셉스는 기사도 정신과 품위 있는 행동으로 금세 총독 무함마드 알리를 매료시켰다. 알리는 키가 작고 뚱뚱한 아들인 사이드의 신체 단련을 레셉스에게 맡겼고 레셉스는 이를 성공적으로 수행하면서 두 사람은 절친한 친구가 되었다. 잔뜩 공을 들여 온 사이드가 아버지의 뒤를 이어 이집트 총독의 자리에 오르자 프랑스는 영국을 단번에 제칠 이집트 내의 이권, 즉 수에즈 운하의 건설권을 따냈다. 레셉스는 운하 건설이 이집트에게 천문학적인 이익을 안겨 줄 것이라고 신출내기 총독을 설득했고 운하 건설의 승인이 떨어지자 황후 유제니를 통해 운하 건설의 기금 마련에 착수했다.

사이드 총독은 프랑스가 발행한 수에즈 운하의 주식 40만 주를 떠안고 6만 명의 이집트 노동자를 강제 징집해 프랑스 회사에 예속시켰다. 이집트의 외교 무대에서 프랑스에게 뒤통수를 맞은 영국은 지속적인 방해 공작을 펼쳤고, 수에즈 운하의 개통식은 예정보다 좀 늦긴 했지만 총독 *이스마일*(1863~1879년)의 통치 기간인 1869년에 이루어졌다.

하지만 레셉스가 약속한 수에즈 운하 건설로 인한 기대 효과는 전혀 나타나지 않았다. 오히려 무리한 강제 노역으로 인해 수많은 노동자들이 죽었고 이집트는 프랑스로부터 사들인 운하 주식으로 인해 재정 파탄의 위기에 놓였다. 결국 이집트는 1875년 영국에 수에즈 운하의 주식을 넘기고 이집트의 제1채권국이 된 영국의 보호령으로 떨어졌다. 이집트는 결국 엄청난 돈과 노동력을 투자해 수에즈 운하를 만들고 열강의 개입만 초래하는 바보 짓을 한 것이다.

개통된 수에즈 운하

CHAPTER.
12

1차 세계대전은 왜 오스만 터키 제국의 파멸을 가져왔을까?

―――― 1차 세계대전, 오스만 터키 제국의 파멸

거대한 제국 오스만 터키의 약화는 서구 열강들의 입장에서 볼 때 '동방 문제'라는 외교적 화두를 제기했다. 이미 이빨 빠진 호랑이가 된 오스만 터키의 영토를 서로 차지하기 위해 서구 열강들이 벌인 '동방 문제'는 발칸 반도에서 그 정점을 이루었다. 발칸 반도는 무라드 1세가 1389년 코소보 전투에서 세르비아를 격파함으로써 오스만 터키 제국의 영토로 합병되었다.

하지만 18세기에 프랑스 혁명과 나폴레옹 전쟁으로 민족주의 열풍이 불어닥치면서 발칸 반도의 소수 민족들 가운데 독립에 대한 열망이 타올랐다. 발칸 반도는 이들의 독립운동을 억누르는 두 거대 세력인 오스트리아와 오스만 터키, 이들의 독립운동을 지원하면서 발칸에 진출하려는 서유럽과 러시아 세력의 각축장이 되었다. 결국 동방 문제의 핵심인 발칸 반도는 1차 세계대전을 일으키는 발화점이 되었고, 이는 오스만 터키 제국의 최종적인 파멸을 초래했다. 이번 장에서는 1차 세계대전의 불씨가 된 발칸 반도의 '사라예보 사건'과 그 불똥이 튀어 오스만 터키 제국이 분할되는 과정을 알아보려 한다.

발칸 반도: 사라예보 사건

발칸 출신의 미국 역사학자인 스토야노비치의 말은 발칸 반도에 대한 최고의 정의라 할 수 있다.

"발칸은 최초의 유럽이자 최후의 유럽이다."

로마 제국의 수도를 로마에서 발칸 반도에 있는 콘스탄티노플로 옮긴 콘스탄티누스 황제는 발칸(현 크로아티아) 출신이었다.

1389년 코소보 전투 이후 19세기까지 이슬람 통치권으로 넘어간 발칸 반도는 기독교 유럽 세계의 정신적 고향과도 같은 곳이었다. 유럽 문명의 모태가 되는 그리스 문명이 그곳에서 탄생했기 때문이다. 18세기 이후 오스만 터키의 급속한 쇠퇴와 때마침 불어온 민족주의 열풍은 독립운동으로 발전했고 그 선봉에 그리스가 섰다.

1821년 그리스가 터키에 대해 독립을 선포하자 이는 6년간 이어진 독립전쟁으로 발전했다. 러시아와 영국의 지원을 받은 그리스 독립군은 터키-이집트 연합군을 격퇴함으로써 1827년 독립전쟁을 승리로 이끌었다. 그리스의 독립 쟁취는 발칸의 소수민족들에게도 급속히 전염되어 민족국가 수립의 열기를 자극했다. 특히 세르비아를 비롯한 발칸의 슬라브족들은 슬라브족의 맏형 격인 러시아로부터 든든한 지원을 약속 받고 집요한 독립전쟁을 벌인 끝에 1881년 독립을 쟁취했다.

1870년 프랑스와 독일(프러시아)이 전쟁에 휩싸인 틈을 이용해 러시아는 범슬라브주의를 모토로 내걸고 오스만 터키와의 전쟁(1877~1878년)을 승리로 이끌었다. 이로써 흑해에서 지중해로 진출할 수 있는 교두보를 확보하지만 곧 러시아가 발칸을 통째로 먹어 버릴 것을 염려한 영국의 반대로 저항에 부딪쳤다. 이후 러시아는 아시아로 방향을 돌려 1905년 일본과 전쟁을 벌이다가 참패를 당하고 만다. 러시아가 주춤한 사이에 오스트리아는 1908년 발칸의 보스니아 지역을 기습적으로 합병했다. 이는 결국 1914년 '사라예보 사건'으로 이어지고 1차 세계대전의 불을 붙인 발화점이 되고 말았다.

'사라예보 사건'은 보스니아를 기습 합병한 오스트리아의 황태자 부부가 보스니아의 수도인 사라예보를 방문했다가 암살당한 사건을 가리킨다. 범인은 가브릴로 프린치프라는 세르비아 청년으로서 보스니아를 세르비아 땅으로 합병하자는 대세르비아 민족주의자였다. 황태자 부부의 암살을 구실로 오스트리아는 세르비아에 선전포고를 했고, 같은 슬라브족 맏형인 러시아가 세르비아를 지원하고, 같은 게르만족인 독일이 오스트리아를 지원하고, 독일을 경계한 영국과 프랑스가 세르비아를 지원함으로써 황태자 부부를 죽인 총알 몇 방이 순식간에 세계대전의 화염으로 발전했다.

오스만 터키도 느지막이 발칸에서 잃어버린 영토를 회복할 욕심으로 오스트리아 편에 섬으로써 오스트리아-독일-터키로 이루어진 '추축국'과 영국-프랑스-러시아로 이루어진 '연합군'의 진영이 짜여졌다. 1918년까지 이어진 1차 세계대전은 연합군의 승리로 끝나고 오스만 터키는 막판에 줄을 잘못 섰다가 패전국의 멍에를 쓰고 현재의 소아시아를 제외한 모든 영토를 잃는 수모를 당한다. 결국 터키는 '장고 끝에 악수'를 두었고 몇 세기를 미뤄 온 제국의 완전한 파산을 초래했다.

오스트리아가 보스니아 지역을 기습적으로 합병함으로써 2차 세계대전의 진원지가 된 사라예보

소아시아 반도를 지켜 낸 터키

1차 세계대전이 끝난 후 터키는 1920년 세브르 조약에 강제로 조인해야 했다. 터키는 발칸 반도에서 수도 이스탄불과 인근 지역을 뺀 나머지 지역에서 모두 후퇴해야 했고, 아라비아 반도는 '사우디아라비아'로 독립하고, 레바논, 시리아, 팔레스타인, 이라크, 요르단 지역은 영국과 프랑스의 신탁통치령으로 떨어졌다. 문제는 소아시아(아나톨리아) 반도 자체도 이탈리아, 프랑스, 영국에 의해 분할 점령되어 신탁통치를 받아야 하는 상황에 놓인 것이다.

소아시아 본토만이라도 지켜 내기 위해 1920년 현대 터키공화국의 아버지인 *케말 파샤*는 앙카라를 수도로 하는 임시정부를 수립해 전쟁을 일으켰다. 1923년 로잔 조약에서 신생 터키공화국이 승인되고 케말 파샤(1923~1938년)는 대통령에 취임했다. 그는 1924년 마지막 술탄 칼리프인 압드 알-마지드 2세를 폐위시킨 뒤 '술탄-칼리프제'를 폐지하고 세속주의 이슬람국가인 터키공화국을 선포했다.

2차 세계대전에서 엄정 중립을 지킨 터키는 1948년 신생 이스라엘 국가의 독립 이후 발생한 중동전쟁에도 개입하지 않으면서 철저하게 세속주의 이슬람을 고수하며 현재에 이르고 있다.

영국으로부터 독립한 이집트

프랑스의 꾐에 수에즈 운하를 건설한 이집트는 결국 엄청난 부채를 떠안고 경제 파탄국이 되었다. 영국은 이집트의 수에즈 운하 주식을 시세보다 싸게 인수했고 프랑스를 제치고 이집트의 새로운 보호자가 되었다. 이집트의 입장에서 1914년 발생한 1차 세계대전은 이집트의 보호국인 영국과 종주국인 오스만 터키 간의 전쟁이었다. 전쟁 발발과 함께 영국은 재빨리 이집트를 영국의 보호하에 둔다고 선언하며 이집트에 대한 터키의 오랜 종주권을 공식적으로 부인했다. 이후 이집트는 영국 중동군의 주요한 보급기지 역할을 했고, 전쟁 기간 중 군수물자의 공급과 면화 가격 상승으로 인해 이집트의 중산층은 엄청난 부를 축적했다.

전쟁이 끝난 후 이집트에 대한 영국의 통치는 더욱 견고해지고 전후에 경제가 활성화된 탓에 이집트가 독립운동을 하리라고 꿈꾼 사람은 별로 없었다. 하지만 이집트의 중산층은 부의 증대와 함께 정치의식도 높아졌다. 때마침 영국이 파견한 고문관의 무자비한 횡포는 격렬한 독립운동으로 이어졌다. 무슬림 성직자는 교회에 가서, 그리고 기독교 사제는 무슬림의 금요예배에 가서 반영 운동을 외치는 설교를 했다. 그야말로 '이집트인을 위한 이집트'를 외치며 전 국민이 하나된 독립운동은 1919년에 발생했는데, 우리나라의 3·1운동이 있던 해와 같다. 1922년 영국은 이집트의 독립을 선언하고, 독립운동을 이끈 *사드 자글롤*은 이듬해 총선에서 수상으로 선출되었다.

아라비아 반도: 현대 중동국가의 탄생

20세기 초 아라비아 반도는 메카의 하심 가(家), 하일의 라시드 가, 리야드의 사우드 가의 삼파전이 팽팽하게 진행되고 있었다. 1902년 현 사우디아라비아의 창건자인 압드 알-아지즈는 20세의 나이로 200명을 이끌고 라시드 가에 빼앗긴 리야드(현 사우디아라비아의 수도)를 탈환하면서 아라비아 반도의 중앙부를 서서히 통합해 나갔다.

메카의 하심 가와 리야드의 사우드 가를 중심으로 재편된 이후의 싸움은 현대 중동국가의 국경이 생긴 배경이 되기 때문에 자세히 언급하고자 한다.

사우드 가는 초기 이슬람의 근본 정신으로 돌아가자는 '와하브 운동'을 모토로 내걸고 아라비아 반도의 무슬림 가운데 지지자들을 빠른 속도로 확보해 나갔다. 반면 하심 가는 예언자 무함마드의 직계 혈통이라는, 돈을 주고도 살 수 없는 엄청난 프리미엄과 함께 이슬람의 요람인 메카를 중심으로 세력을 떨치고 있던 터라 사우드 가보다 발언권이 셀 수밖에 없었다.

1914년 1차 세계대전이 발발하자 영국은 중동 전선에서 오스만 터키를 효과적으로 공략하기 위해 그 배후에 있는 아랍족과 손을 잡았다. 영국의 선택은 대표성이 있는 메카의 하심 가의 후세인이었다. 영국은 후세인이 배후에서 반란을 일으켜 터키를 교란해 준다면 그 대가로 전쟁 후 아랍 국가의 독립을 약속했다.

영국의 이집트 고등판무관인 맥마흔과 메카의 태수인 후세인 간에 오간 10통의 서한은 역사에서 '후세인-맥마흔 왕복 서한'이라고 불린다. 영국의 약속을 믿고 후세인은 1916년 반란을 일으키고 히자즈 지역(메카, 메디나를 포함한 반도의 서부 지역)의 독립을 선포했다. 하지만 서방 세계로부터 아랍의 대표로 공식적으로 인정받은 후세인이 더욱 기고만장해져 아라비아 반도 전체와 이집트 동부까지 아우르는 대제국을 꿈꾼 탓에 영국과 프랑스는 이를 인준하지 않았다.

영국-프랑스가 아랍국의 독립을 인준하지 않은 숨은 이유는 후세인이 독립을 선언한 같은 해인 1916년 이미 양국 간에 전후 오스만 터키의 식민지인 드넓은 중동 지역을 양국이 분할해 갖기로 비밀 협정을 맺은 탓이다. 양국 협상자의 이름을 따서 붙인 비밀 협정인 '사이크스(영)-피코(프) 조약'은 제정 러시아의 중재로 이루어졌는데 1917년 러시아혁명으로 탄생한 소련은 1918년 이 비밀 협정의 전말을 폭로함으로써 서구 자본주의 국가의 탐욕을 만천하에 드러냈다. 물론 이 발표는 아랍 민족들의 들끓는 분노를 초래했다.

여기서 더욱 복잡해지는 상황이 발생했다. 전쟁 막바지인 1917년 영국의 외무부 장관 밸푸어는 '팔레스타인 지역에 유대 국가를 세워준다'는 밸푸어 선언을 발표했다. 이 선언은 영국 전쟁성의 부탁을 받고 아세톤에서 폭약을 만드는 기술을 개발해 큰 공을 세운 맨체스터 대학 화학과 교수인 유대인 바이츠만의 집중적 로비로 이뤄졌다. 바이츠만은 1948년에 탄생한 신생 이스라엘 국가의 초대 대통령에 취임했다.

터키 제국의 식민지인 드넓은 중동 지역을 놓고 세 장의 불분명한

'후지불 어음'(post-dated cheque)을 남발한 영국은 이렇게 해서 20세기 중동을 혼란에 빠뜨린 갈등의 씨앗을 심어 놓았다.

자신들이 위조 수표를 받았음을 안 후세인은 영국의 이중, 아니 삼중 플레이에 강력히 반발했다. 후세인의 삼남 *파이잘*은 1918년 터키군을 무찌르고 시리아의 다메섹에 입성해 왕이 되었다. 하지만 이곳은 영국-프랑스 비밀협정에 의거해 프랑스 세력권이므로 프랑스는 군대를 보내 파이잘을 간단히 제압했다.

후세인의 차남 *압둘라*는 동생이 시리아에서 추방되자 군대를 몰고 1921년 현 요르단의 수도인 암만에 진을 쳤다. 상황이 복잡하게 돌아가자 영국 수상 처칠은 영국 세력권으로 할당된 요단 강의 동쪽 반(현 요르단)을 압둘라에게 주는 대신 시리아로의 진군을 단념시켰고, 압둘라는 요르단의 왕으로 취임했다. 반면 파이잘은 프랑스와의 조율에 성공해 1921년 이라크 왕으로 취임했다.

시리아 지역은 프랑스, 팔레스타인(현 이스라엘)은 영국의 신탁통치로 넘어갔다. 1920년 레바논은 시리아에서 분리되어 나왔다. 이처럼 현재의 팔레스타인(이스라엘) 땅은 과거의 역사와 무관하게 서구 열강의 입맛에 따라 제멋대로 국경이 그어진 것이다.

메카의 태수인 후세인은 두 아들이 요르단과 이라크의 국왕이 된 것에 크게 고무되었지만, 정작 그에게는 큰 파멸이 기다리고 있었다. 1924년 차남 압둘라가 통치하는 요르단을 방문한 후세인은 오스만 터키에서 칼리프제가 폐지되자 스스로 칼리프로 자처하고 나섰다. 이것은 많은 무슬림들이 보기에도 너무 지나쳤다. 사우드 가의 압드 알-아지즈는 성난 무슬림형제단을 이끌고 히자즈 지역 공략에 나섰고 후세인은 장남인 알리에게 양위하지만 메카가 사우드 가에 점령당함으로써 아라비아 반도에서 하심 가는 종말을 맞게 되었다. 반도의 유일한 세력이 된 압드 알-아지즈는 1932년 국호를 사우디 왕국

으로 정하고 국왕으로 취임했다.

  석유 수출로 생긴 엄청난 자금으로 대규모 건설사업을 일으켜 한국에 중동 특수를 안겨 준 것으로도 유명한 사우디는 국가의 모체가 이슬람의 초기 정신으로 돌아가자는 '와하브 운동'에 있었지만, 이후 지나친 친서구 정책으로 인해 국가적 딜레마에 빠져 있다. 요르단, 이라크의 하심 가에 대한 적대적인 태도 등이 겹쳐 1948년 이스라엘 건국 후 발생한 중동전쟁에서 미온적으로 대처했고, 1991년 걸프전에서는 4,000명의 미군을 사우디 영내에 주둔시킴으로써 자국 내 무슬림들의 반감을 고조시킨 바 있다. 이슬람 율법은 비무슬림 군대가 신성한 아라비아 반도에 주둔하는 것을 엄격하게 금하고 있기 때문이다.

1차 세계대전 이후의 중동

CHAPTER.
13

유엔은 왜 팔레스타인 분할안을 통과시켰을까?

영국의 팔레스타인 위임통치, 1917~1947년

'중동'이라는 무대에서 펼쳐진 1500년 이슬람 역사를 다루는 가운데 어느덧 20세기의 문턱을 두드리게 되었다. 20세기 중동 역사의 새롭고 결정적인 변수는 뭐니 뭐니 해도 1948년 중동의 한 귀퉁이에서 탄생한 신생 국가 이스라엘이다. 이스라엘의 탄생과 그 후 4차례 이어진 중동전쟁은 20세기 중동과 이슬람 역사의 핵심이다.

잊을 만하면 전 세계 주요 언론의 헤드라인을 장식하는 팔레스타인(이스라엘) 땅의 문제는 현대인들의 궁금증을 자아내지만 웬만한 전문가가 아니면 실타래처럼 얽힌 이 땅의 문제를 제대로 풀어 내기가 쉽지 않다. 그런 면에서 7세기 아라비아 반도에서 탄생한 이슬람의 태동부터 오스만 터키의 붕괴 과정까지를 다룬 이슬람 역사에 대한 전반적인 이해는 중동 문제의 핵심인 팔레스타인 문제를 파악하기 위한 충분한 워밍업이 될 것이다. 이번 장부터 시작해 몇 개의 장에 걸쳐 관심의 초점을 팔레스타인 땅에 맞추어 이스라엘과 팔레스타인 두 민족의 현대사를 다루고자 한다.

시오니즘, 유대인들의 이주 물결

유대인들의 민족주의를 의미하는 '시오니즘' 운동은 그 창시자인 테오도르 헤르쩰의 정력적인 활동에 힘입어 유대인들의 이주 물결을 팔레스타인 땅으로 돌린 것을 가리키는 말이다. 1860년경 다수의 아랍인들 틈에서 고작 1만 2,000명 내외의 유대인들이 살던 팔레스타인 땅은 유럽의 유대인들이 대규모로 이주하면서 인구가 급속히 증가했다. 유대인들의 이주 물결은 크게 네 차례의 이민 파동으로 나눌 수 있다.

유대인 이주가 본격화되기 전인 1860년경 팔레스타인에 살던 1만 2,000여 명의 유대인들은 주로 '성지'(Holly Land)에서 살다가 뼈를 묻겠다는 독실한 정통파 유대인이었다. 이들은 주로 외부에서 지원해 주는 기부금으로 기본적인 생활만 꾸려 나갔다.

1차 이민 파동은 1880~1900년에 일어났고, 이주자들은 주로 토지 경작자들이었다. 1881년 러시아 왕자 암살에 유대인이 연루되었다는 의혹으로 유대인에 대한 대대적인 핍박이 가해지자 대부분은 미국으로 일부는 팔레스타인으로 이주해 왔다. 이미 팔레스타인에 정착해 살고 있던 종교적 유대인들은 세속적 경향이 농후한 러시아계 이주자들에게 반감을 가졌고, 외부에서 들어오는 기부금을 자칫 나누어 써야 할지 모른다는 우려로 인해 잠재적인 경쟁자로 여겼다.

2차 이민 파동은 1900년에서 1차 세계대전이 발발한 1914년까지로, 이때의 이주자들은 과학적 농민과 노동자들이 많았다. 러시아 혁명의 물결과 함께 1903~1906년 사이에 일어난 유대인 대학살이 원인이 되었다. 이때 이주자들은 시온주의 운동에 헌신한 선구자들이 많았고, 건국 후 초대 수상이 된 벤구리온, 2대 대통령 이츠하크 벤쯔비, 초대 국회의장 요셉 스프린자크 등이 활약하였다. 현대 이스라엘의 수도 역할을 하는 텔아비브도 이때 건설되었다.

3차 이민 파동은 1차 세계대전이 끝난 1918년부터 1924년까지 일어났는데, 이때 이민 온 사람들은 주로 기업가, 투자자들로서 농촌이 아닌 도시로 유입되어 산업, 군대, 교육기관 등을 설립했다.

4차 이민 파동은 1924~1939년까지 일어났고, 주로 지식인, 관료, 전문직 종사자들이 이주해 새로운 국가 창설을 위한 청사진을 제시했다.

영국 앨런비 장군의 예루살렘 회복

1차 세계대전이 한창 진행 중이던 1917년 11월, 영국 외무부 장관인 밸푸어가 선언한 '유대국가 창설에 대한 지지'는 신생국가 이스라엘 탄생을 위한 국제 사회의 첫 번째 관심 표명으로 무척 중요한 의미를 갖는다. 밸푸어 선언 한 달 후 영국의 중동사령관인 에드먼드 앨런비 장군은 터키군을 격파하고 예루살렘을 회복했다.

앨런비 장군은 승전국의 야전 사령관으로서 말을 타고 예루살렘으로 진군했다. 하지만 예루살렘 성문에 도착했을 때 그는 행군을 갑자기 멈추었다. '예수께서 걸으시던 예루살렘을 내가 어찌 말을 타고 들어가겠는가'라고 생각한 앨런비 장군은 말에서 내려 걸어서 예루살렘에 입성했다.

638년 이슬람의 통치권으로 넘어간 팔레스타인 땅은 1917년 기독교의 영국군에게 넘어감으로써 1300년 가까운 이슬람 통치에 종말을 고했다. 1917년부터 영국이 팔레스타인 문제를 국제연합으로 떠

넘긴 1947년까지를 '영국의 위임통치'(British Mandate) 기간으로 부른다.

반면 시리아가 프랑스의 위임통치로 넘어가면서 팔레스타인 지역에 남게 된 아랍인들은 점차 정체성 혼란에 빠졌다. 팔레스타인 아랍인들은 자신들이 정치적, 사회적으로 독립된 단위라고 여긴 적이 없고 시리아의 다메섹을 중심으로 대(大)시리아 지방의 아랍인으로 자신들을 규정하며 살아 왔다. 동쪽은 지중해, 북쪽은 프랑스령의 '시리아', 동쪽은 압둘라 국왕이 다스리는 '요르단', 남쪽은 무함마드 알리의 후손이 다스리는 '이집트'로 분리되면서 서구 열강의 입맛에 따라 인위적으로 형성된 것이 오늘날 '팔레스타인'으로 불리는 지역의 경계였다. 이 지역에 남게 된 아랍인들과 유럽에서 이주해 온 유대인들이 한반도의 9분의 1밖에 되지 않는 좁은 땅에서 서로 주도권을 차지하고자 불꽃 튀는 경쟁을 벌이게 된 것이 소위 '팔레스타인 문제'다.

현재 1,000만 정도의 인구가 살고 있는 팔레스타인 땅은 영국의 위임통치가 본격화된 1922년 당시만 해도 '사람이 살지 않는 황무지'에 가까웠다. 전체 인구는 75만 명에 불과했고 이중 아랍인이 68만 명으로 다수를 차지했다. 초기 시온주의자들도 압도적 다수를 차지한 아랍인의 존재를 인식하고 있었다.

다수의 아랍인들 틈에 유대국가를 세우는 방식을 놓고 시온주의 지도자들은 크게 세 가지 입장 차이를 보였다.

첫째, 절대 다수를 차지하는 중도파다. 헤르쩰을 비롯한 시온주의자들은 대부분 아랍인을 과소평가했다. 이들은 유럽에서 이주해 온 유대인들이 낙후된 팔레스타인 지역에 주변 아랍국보다 월등히 앞선 현대 국가와 문명을 이루어 간다면 팔레스타인에 남은 아랍인들도 자연히 그 흐름 속에 동화될 것으로 믿었다. 물론 이런 생각 속에는 유럽 문명이 아랍 문명보다 뛰어나다는 우월감과, 당시 아시아와 아프리카의 땅은 주인 없는 땅이고 힘으로 차지하면 된다는 제국주의적 견해가 깔려 있다. 요르단의 압둘라 국왕 역시 아랍인의 삶의 수준을 향상시킬 것을 기대하며 팔레스타인에 유대인들이 이주해 오는 것에 무척 우호적이었다.

둘째, 소수의 과격파다. 자보틴스키를 비롯한 소수의 과격파는 다수를 차지한 팔레스타인 아랍인들이 결코 유대인들의 이주와 정착을 좌시하지 않을 것을 예측했다. 아울러 1920년대 중동에 광범위하게 불어온 아랍 민족주의가 팔레스타인에서 갓 피어나려는 유대국가의 숨통을 끊어 버리려 할 것이라고 생각했다. 이들을 중심으로 시온당 나귀부대, 38대대, 39대대, 40대대 등 유대인 방위군들이 조직되고 유대인 정착지를 향한 아랍인의 테러 공격을 막을 만반의 준비가 갖춰졌다.

셋째, 소수의 이상주의자다. 아인슈타인을 비롯한 소수의 이상주의자들은 유대국가의 창설보다 좁은 땅에서 두 민족이 평화롭게 공존하는 협정이 이루어지기를 원했다. 이들은 두 민족의 평화적 공존을 위해서라면 이미 다수를 차지한 아랍인 국가 속에 유대인들이 묻혀서 사는 것도 감수할 수 있다고 했다.

1차 세계대전 기간에 잠시 주춤하던 유대인들의 이주 물결은 시온주의 열풍이 다시 달아오르면서 1918~1936년 사이에 15만 명의 이민자들을 탄생시켰다. 이들은 정착해 황무지를 옥토로 개간했다. 아랍인들은 주로 예루살렘과 베들레헴을 비롯한 중앙 산지 지역에 살았고, 지중해에 인접한 평야는 당시 말라리아가 창궐하는 늪지대로서 버려진 황무지였다.

유대인 사회는 풍부한 자금력으로 아랍인들로부터 해안 늪지의 황무지를 사들였고, 그곳에 현대 이스라엘의 수도인 텔아비브와 같은 현대적인 도시를 건설했다. 1920~1935년 사이에 투입된 유대 자본이 영국 위임통치 정부 지출 총액의 3배에 달한 것을 볼 때 유대인들이 얼마나 의욕적으로 유대국가 창설에 매진했는지를 알 수 있다. 흔히 팔레스타인 땅에서 오랫동안 평화롭게 살던 아랍인들을 20세기 유럽에서 몰려 온 유대인들이 강제로 쫓아낸 것으로 알려져 있지만 유대인들의 초기 이주 과정은 이와는 많이 다르다.

유대인들의 이주와 투자로 인해 지중해 해변의 쓸모없는 늪지는 4배 이상 폭등했고 당시 땅을 갖고 있던 지주들을 중심으로 신흥 부르주아 계층이 형성되었다. 유대 자본의 투자로 1935년 팔레스타인은 전 국토의 5%, 경작 가능 토지의 12%를 유대인들이 소유하게 되었다. 이것은 모두 합법적으로 구입한 것이고, 많은 경우 시세보다 더 많은 가격이 지불되었다.

시온주의자들은 유럽의 은행가로 천문학적인 부를 축적한 유대인 로스차일드 가문의 도움을 받았다. 로스차일드 가문이 제공한 '유대민족기금'의 도움을 받아 대규모 토지 구매에 나섰고 1500년간 버려진 불모의 땅 이스라엘은 순식간에 금싸라기 땅으로 둔갑했다. 이런 현상은 서울의 강남 지역을 개발할 때와 비슷한데, 개발 열기와 함께 소위 강남의 땅 부자, 졸부들이 탄생한 것처럼 아랍 지주들 가운데서도 부르주아들이 많이 탄생했다. 유대인들의 정착 규모가 커질수록 땅값이 꾸준히 상승하자 초대 대통령을 지낸 영국의 바이츠만은 당시 이런 불평을 했다고 한다.

"우리는 팔레스타인의 토양을 유대인의 금으로 덮어야 한다는 사실을 발견했다."

유대인들의 이주로 인해 요르단의 압둘라 국왕이 기대한 현상이 실제로 나타났다. 중국인 노동자들과 함께 최하위 임금을 받던 아랍 농노들의 생활수준이 놀라운 속도로 향상된 것이다. 하지만 1930년대 팔레스타인 아랍인들의 생활수준이 향상되면서 정치 의식도 비례적으로 높아졌고, 이로 인해 중동 전역에 봉건제도가 포괄적인 위기에 직면했다. 자신들이 누리던 특권적 지위가 상실될 것을 우려한 아랍 봉건 제후들은 아랍 세계의 심장에 들어온 민주주의의 온상인 유대인 공동체를 파괴하려는 계획을 추진했고, 이를 위해 교묘하게 아랍 민족주의를 이용했다.

1936~1939년까지 이어진 '아랍의 대봉기'는 반시오니즘 운동으로 발전해 극심한 테러와 총파업의 악순환을 낳았다. 상황이 이렇게까지 악화된 데에는 위임통치를 하던 영국의 모호한 태도가 한몫했다. 위임통치를 시작하던 1920년대는 중동 지역 곳곳에서 유전이 발견되었다. 그러자 영국은 유대국가 창설을 지지한다는 '밸푸어 선언'의

이행보다 아랍국과의 원만한 관계 유지를 통해 국익을 챙기는 데 더 관심이 많았다.

영국은 위임통치가 붕괴되는 현실을 보며 서둘러 '39년 백서'를 발표했다. 백서 내용을 보면 향후 5년간 7만 5,000명의 유대인 이주만 허락하고 이후로는 유대인 이주를 완전히 금지한다는 것이었다. 하지만 이 백서의 실행은 같은 해 발발한 2차 세계대전이 종결된 이후로 미루어지고, 양측은 2차 세계대전의 휴지기를 지나 2라운드 공방을 준비해야 했다.

1945년 2차 세계대전이 끝난 후 영국 위임통치 정부는 '39년 백서'를 밀어붙였다. 영국의 노골적인 아랍 편향 정책은 영국을 신뢰하던 바이츠만과 영국에 회의적인 태도를 보인 벤구리온, 영국을 적대시하던 베긴 등 초기 유대 시온주의 지도자들 사이에 팽팽하던 긴장의 균형추를 한쪽으로 기울게 했다. 1945년 벤구리온은 베긴과 보조를 맞추어 팔레스타인의 영국군에 맞서는 전투를 선언했고, 1946년 위임통치 총독부가 있던 예루살렘의 다윗왕 호텔을 폭파하는 테러를 감행해 80명의 영국 장교를 살해했다. 영국은 대규모의 유대인들을 검거해 무장 해제시키고 지도자들을 교수형에 처했다. 이에 대해 베긴도 '동해 보복'(同害報復)의 원칙에 따라 유대인 하사관이 처형되면 영국 장교를 살해하고 유대인 장교가 살해되면 영국군 고위장교를 살해함으로써 응수했다.

2차 세계대전은 끝났지만 도저히 해결할 수 없는 팔레스타인 수렁에 빠졌음을 인식한 영국은 팔레스타인 문제에서 빨리 손을 떼는 것이 상책임을 절감했다. 그리고 이것이 대^(對)영국 강경책을 몰아붙인 베긴의 목적이기도 했다.

이스라엘 건국으로 이어진 기회의 창문

영국은 골치 아픈 팔레스타인 문제를 유엔^(UN)에 떠넘겼고, 1947년 11월 29일 유엔은 예루살렘과 베들레헴을 국제적인 관리 지역으로 정하고 팔레스타인 지역을 유대국가와 아랍국가로 양분하는 분할안을 통과시켰다^(찬성 33, 반대 13, 기권 11). 숨죽이며 유엔의 발표를 듣던 유대인들은 모두 밖으로 나와 얼싸안으며 환호했고 아랍인들은 단호히 반대하고 나섰다. 유엔의 결정은 부분적이나마 유대국가 건설을 국제기구로부터 승인 받은 최초의 사건이었지만 이후의 국제 정세는 유대인들에게 그리 만만하게 전개되지 않았다.

시오니즘의 열렬한 지지자이던 영국 수상 처칠이 2차 세계대전 후 치러진 1945년 선거에서 패하면서 문제가 발생했다. 이후 등장한 내각의 외무부 장관 베빈은 유대국가 건설을 강력히 반대한 반시온주의자였다. 베빈 장관은 중동에서 독립한 주변 아랍국가들의 비위를 건드리는 것은 장차 영국의 국익에 큰 해가 될 것이라고 주장했다. 결국 중동 지역에 집중적으로 매장된 석유가 영국의 중동 외교에 새로운 이슈로 부각되었다.

영국이 유대국가 창설의 장애물로 등장하자 전혀 새롭게 미국과 소련을 통해 기회가 찾아왔다. 미국 역사상 최초로 4선 대통령에 당선된 루스벨트는 '온건한' 반유대주의자였는데 1945년 2차 세계대전의 종전 처리를 위한 얄타회담 이후 사우디 국왕과 가진 회담을 계기로 '노골적인' 반유대주의자로 선회했다. 그로부터 몇 주 후인 4월 12일 루스벨트가 갑자기 사망하면서 부통령인 트루먼이 대통령직을 승계했다. 유대인에 대한 트루먼의 태도는 지극히 단순했다. 2차 세계대전 중 히틀러에게 당한 유대인 600만 학살에 대해 지극한 동정을 보인 그는 영국의 바통을 이어 유대국가 창설을 위한 새로운 지지자로 등장했다. 루스벨트 대통령의 보좌관으로서 친시온주의자인 데이비드 닐스는 당시의 상황을 이렇게 말한 바 있다.

"루스벨트가 살아 있었다면 이스라엘이라는 국가가 탄생할 수 있었을지 참으로 의문스럽다."

1947년 11월 유엔이 통과시킨 팔레스타인 두 국가 분할안은 트루먼의 강력한 지지로 인해 통과된 것이다. 유대국가로 인해 일어날 참사를 예견한 영국과 미국의 국무성은 유대국가의 출현을 원치 않았다. 양국 석유회사들도 합세해 결사 반대한 것을 볼 때 이스라엘 지지를 통해 양국이 어떠한 국익을 기대했거나 숨겨진 음모가 있었다고 보기는 어렵다.

음모가 있었다면 오히려 소련을 언급해야 한다. 레닌이 죽은 후 강력한 경쟁자인 트로츠키(유대인)를 숙청하고 권좌에 오른 스탈린은 이후에도 자국 내 유대인들을 학살하는 반유대정책을 지속했다. 2차 세계대전에서 독일의 히틀러와 적대국으로 싸운 스탈린은 히틀러의 반유대정책만큼은 그대로 답습했다. 이런 스탈린이 1947년 유엔 선거에서 이스라엘을 지지하고 나섰다. 1948년 이스라엘이 독립을 선포한 후에도 트루먼이 '사실상의'(de facto) 승인을 한 반면, 스탈린은 한술 더 떠 '법률상의'(de jure) 승인을 하며 이스라엘 국가를 강력히 지지했다. 더 중요한 것은 독립 선포와 함께 전쟁이 일어나자 한 달의 휴전 기간 동안 체코 정부를 통해 이스라엘에 무기를 지원한 사실이다. 이런 지원의 대가로 스탈린은 새롭게 탄생한 이스라엘 국가의 청사진으로서 사회주의 국가를 제시했는데, 실제로 초대 수상 벤구리온을 비롯해 이스라엘의 많은 지도자들이 사회주의자들이어서 스탈린의 기대와 제안이 전혀 엉뚱한 것만은 아니었다.

2차 세계대전 종전 후 냉전체제로 들어간 국제 사회에서 미국과 소련을 모두 이스라엘의 지지자로 끌어들인 벤구리온의 외교술은 한마디로 예술이었다. 벤구리온 재임 시절 좌파는 그가 나라를 미국에 팔

프랭클린 루스벨트 　　　　윈스턴 처칠 　　　　해리 트루먼

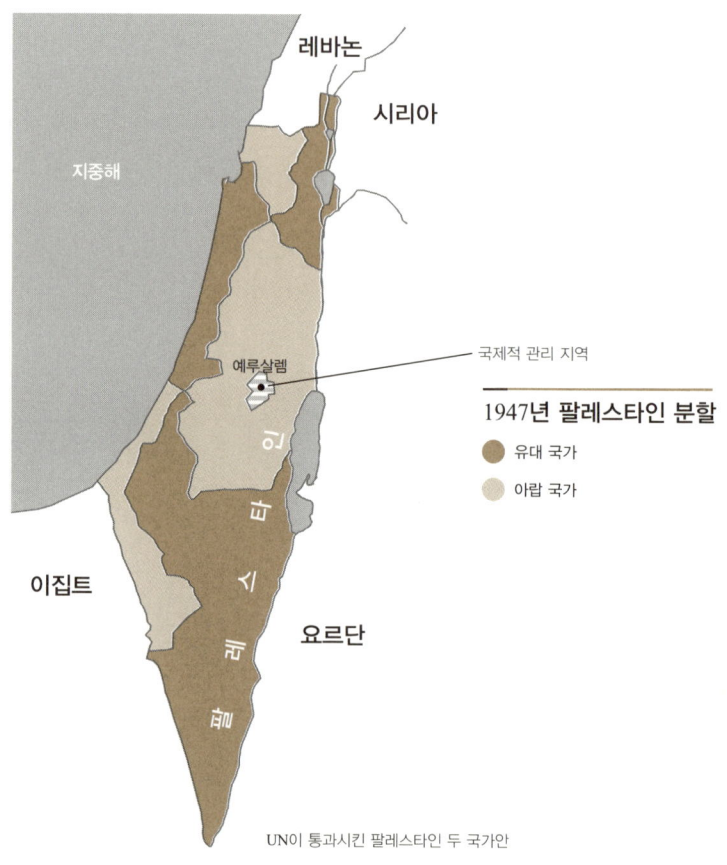

UN이 통과시킨 팔레스타인 두 국가안

아먹었다고 비난하고 우파는 소련에 팔아먹었다고 비난했다. 이것은 실제로 사실이었고 그의 양다리 외교는 영국이 등을 돌린 상황에서 국가 탄생을 위한 결정적인 히든 카드가 되었다. 그런 면에서 벤구리온은 세계 최고의 열혈 장사꾼으로 불려도 손색이 없을 듯하다. 같은 물건인 이스라엘을 두 번씩이나 최고가에 팔았기 때문이다.

1947년 11월부터 1948년 5월까지의 짧은 몇 달 동안 미국과 소련이 보여 준 이스라엘에 대한 지지는 참으로 놀라운 것이었다. 1948년 1월 유대계 배우인 솔로몬 미퀼스가 살인을 저지르면서 스탈린은 점차 반유대주의로 돌아섰고, 미국도 국무장관 마셜의 입김이 강해지면서 점차 이스라엘 문제에 냉정해지기 시작했다. 영국의 철수가 1년만 더 늦어졌다면, 그래서 유엔에서 팔레스타인 분할안에 대한 투표가 늦어졌다면 미국과 소련은 그다지 이스라엘 건국에 호의를 보이지 않았을 것이 확실하다. 결국 1947년과 1948년 사이의 단지 몇 달 동안 창문을 통해 밀고 들어온 행운(또는 하나님의 섭리)을 이스라엘은 놓치지 않고 꽉 움켜잡은 것이다.

CHAPTER. 14

왜
이스라엘 독립선언과 함께
전쟁이 일어났을까?

1차 중동전쟁, 독립전쟁

1948년 5월 15일은 유엔이 창설된 이후 기억하고 싶지 않은 최악의 날이었다. 하루 전에 자랑스럽게 독립을 선포한 이스라엘은 이튿날 이집트, 요르단, 이라크, 시리아, 레바논 등 서쪽의 지중해를 제외한 모든 방향에서 아랍 연합군의 공격을 받았다. 이스라엘로 귀환한 소수의 유대인들이 주변의 압도적인 아랍군에 밀려 지중해로 수장되는 것은 단지 '시간문제'인 것처럼 보였다. 당시 유엔 사무총장이던 조지 마셜은 이스라엘 외교관에게 이렇게 말했다.

"당신 주변은 온통 아랍국가들이고 당신의 등 뒤는 바다군요. 어떻게 이 공격을 버티어 내겠습니까? 약간의 무기와 시민군이 있긴 하지만 아랍은 정규 군대를 보유하고 있지 않습니까? 그들은 잘 훈련받았고 중장비 무기를 가지고 있습니다. 어떻게 버틸 희망을 가질 수 있겠습니까?"

유엔은 나름대로 최선을 다했다고 스스로를 위로하며 뒷짐을 지고 물러서 있을 수밖에 없었다. 두 차례의 세계대전을 거치며 '세계평화를 지키는 든든한 버팀목이 되겠다'는 그럴듯한 대의명제를 안고 출범한 유엔은 전쟁을 막기 위한 아무런 해결책도 제시하지 못했다. 결국 허울뿐인 기구임이 드러나는 순간이었다. 유대인들은 유엔의 도움을 받지 못한 채 절체절명의 위기에 몰려 있었다. 하지만 이때부터 하나님을 믿지 않는 세상 사람들도 가히 '기적'이라 부르는 각본 없는 전쟁 드라마가 씌어지기 시작했다.

유대인들은 먼지만 자욱한 역사의 다락에서 '다윗'의 방패와 '**바르 코흐바**'(132~135년 로마에 대항한 봉기를 주도한 유대인 장군)의 무기를 꺼내 들었다. 이후 유대인들이 유순하다는 유럽인들의 통념이 무너지는 데는 그리 오랜 시간이 걸리지 않았다. 수주간의 총격전은 유대인의 승리로 끝났고, 놀라서 뒤로 자빠진 유엔은 눈을 크게 뜨고 전쟁에 패한 아랍인들을 바라보았다. 황급히 유엔 특별총회가 열리고 유엔 평화사절단이 급파되었다. 도대체 무슨 일이 일어난 것일까? 어떻게 이런 일이 가능한 것일까? 이번 장에서는 벤구리온 수상의 독립선언과 함께 일어난 1차 중동전쟁, 즉 독립전쟁의 흥미진진한 스토리를 다루고자 한다.

벤구리온의 도박, 그러나 완벽한 성공

1948년 5월 14일, 텔아비브의 로스차일드 거리에 있는 미술관에서 국민평의회 의장인 다비드 벤구리온은 히브리어로 이스라엘의 독립선언서를 천천히 낭독했다. 그리고 모두 거리로 뛰어나와 얼싸안고 애국가인 '하티크바'(희망)를 불렀다. 이들은 밤이 늦도록 텔아비브 최고 번화가인 디젠고프 거리에 모여 샴페인을 터뜨리고 새로운 국가를 위해 축배를 들었다. 하지만 기쁨은 거기까지였다. 이튿날 이스라엘의 독립을 인정하지 않는 아랍 연합군의 대공세가 시작되었고 이들은 술이 덜 깬 몸을 이끌고 전선으로 향해야 했다. 이후에 벌어지는 독립전쟁은 역사 소설에서나 볼 수 있는 음모와 행운, 그리고 모든 극적인 요소들이 짜깁기되듯 흥미진진하게 펼쳐졌다.

1948년 5월 14일 이스라엘 독립선언서를 낭독하는 벤구리온 수상

팔레스타인에 있는 유대인은 65만 명, 이들을 둘러싼 아랍국가의 인구는 적게 잡아도 1억 4,000만 명이나 되었다. 영국인 장군 존 바고트에 의해 훈련된 아랍 최고 정예부대인 요르단군 1만 명을 포함해 이집트, 이라크, 사우디, 시리아, 레바논이 동원한 아랍 정규군과 싸워야 하는 이스라엘은 주로 민간인 출신의 사병들이 주류를 이루었다. 최신 무기로 무장된 아랍군과 달리 유대 군인들은 무기가 부족해 총 한 자루를 돌려쓰면서 싸워야 했다.

이런 류의 전쟁을 관람하는 제3자는 '어느 편이 이기느냐'보다 '전쟁이 얼마나 빨리 끝나느냐'를 관측하게 마련이다. 실제로 아랍 연합군의 총사령관인 존 글럽 파샤는 첫 공개 문서를 통해 '일주일 내에 전쟁은 끝날 것이고 모든 유대인들은 지중해에 몰살될 것'이라고 발표했다. 어느 누가 보더라도 그의 주장은 옳은 것처럼 보였다. 첫 번째 전투에서 많은 유대인들이 살상되고 전선이 휘청거려 5월 20일 예루살렘과 서안 지역 전체가 요르단군에게 넘어갔다. 그러나 유대인들이 1920년대에 불기 시작한 아랍 민족주의를 과소평가하는 실수를 했듯이, 이번에는 아랍인들이 유대인들의 민족주의를 과소평가하는 실수를 범했다. 일주일이면 끝난다는 전쟁은 한 달이나 지속되고 아랍 측은 '고맙게도' 6월 11일 폴케 베르나도트 공이 제안한 한 달간의 무조건 휴전안을 수락할 수밖에 없었다. 양측은 종전(終戰)을 원치 않았기 때문에 휴전 기간은 군사력을 증강할 수 있는 절호의 시간이었다. 폴케 공은 휴전 기간 동안 어느 쪽도 이득을 보지 못하게 하기 위해 무기 금수조치를 발표했지만 어느 쪽도 이를 지킬 의향이 없었다.

2차 세계대전의 끔찍한 전운이 아직 기억에 생생한 서유럽은 자칫 전쟁에 개입했다가 3차 세계대전으로 확산될 것을 우려해 모든 무기 판매에 대한 금수조치를 취했다. 하지만 2차 세계대전으로 새롭게 부상한 미국과 소련이 이스라엘을 지원하면서 전세가 역전되기 시작했다. 소련의 스탈린은 체코슬로바키아에 압력을 넣어 최신 무기를 이스라엘 측에 판매했다. 주로 밤중에 전개되어 '검은 작전'으로 불린 무기 공수작전은 영국과 미국 공군에서 근무한 적이 있는 유대인들의 은밀한 도움이 있어 가능했다. 양측은 초조하게 상대방이 먼저 휴전을 깨기를 기다렸다.

이집트가 공식적인 휴전 약속 기간을 깨고 선제 공격을 함으로써 2

1949년 이스라엘. 전쟁 후 80%까지 영토가 확장되었다.

라운드가 시작되었다. 한 달간 지속된 1라운드와 달리 2라운드는 불과 10일 만에 끝났고 아랍 측이 먼저 휴전 요청을 했다. 두 번째 휴전도 깨지고 유대인들은 최후의 결전을 원했지만 아랍 측은 두 번의 참패가 우연이라 확신하고 '삼세번'에 도전하는 마음으로 마지막 결투에 임했다. 최후의 결전에서 유대인들은 이집트 국경을 넘어 수도 카이로로 향했고, 영국은 이스라엘이 철수하지 않으면 개입하겠다고 위협하면서 전쟁은 마무리되었다. 이듬해인 1949년 이집트(2월 24일)를 시작으로 레바논(3월 23일), 요르단(4월 3일), 시리아(7월 20일)와 개별적인 휴전 협정을 맺으면서 전쟁은 끝났고, 이때 맺은 휴전선은 사실상 이스라엘의 국경이 되었다.

1947년 유엔이 할당해 준 이스라엘의 영토는 팔레스타인 땅의 56%였지만 전쟁이 끝난 후에는 80%까지 확장되었다. 나머지 20%는 이집트가 차지한 '가자지구'(Gaza Strip)와 요르단이 차지한 '서안지구'(West Bank)였다. 독립선언 직전 아랍과 이스라엘의 판세에 대해 '아무리 높게 잡아도 승리 확률은 50%를 넘지 못한다'는 보고를 받은 벤구리온 수상은 독립선언을 강행함으로써 인생에서 가장 어려운 결정을 내렸다. 하지만 이 도박에 가까운 결정은 완벽에 가까운 성공을 거두게 되었다.

아랍 연합군의 불가사의한 패배

아랍 연합군은 군대와 화기의 압도적인 우세에도 불가사의한 패배를 맛보았다. 그것도 두 번의 휴전을 거친 삼세번의 전쟁에서 모두 졌기 때문에 누가 보아도 변명의 여지가 없는 완벽한 패배였다. 이들이 패배한 이유는 무엇일까?

첫째, 준비 부족이다. 특히 이집트의 경우 준비되지 않은 전쟁 참여는 모욕적인 패배만을 안겨 줄 뿐임을 보여 주는 좋은 선례가 되었다. 이들은 팔레스타인의 지도조차 카이로 시내 상인에게서 간신히 사야 했고, 참전 뒤에도 시내 반도에서 팔레스타인 진입로인 가자(Gaza)까지 병력을 실어 나를 수단이 없어서 팔레스타인 트럭을 빌려야 했다. 이집트의 참전은 내각이나 군사 전문가의 결정이 아니라 순전히 국왕인 *파루크*의 독단적인 결정으로 이루어졌다. 그의 참전 목적도 이스라엘을 격퇴하는 것이 아니라 자신의 최대 라이벌인 요르단 국왕 *압둘라*가 예루살렘을 포함한 서안지구를 점유하는 것을 막는 데 있었다. 게다가 파루크의 정부(情婦)인 리리안네 코헨(영화배우 카멜리아)을 통해 이집트의 내부 상황은 이스라엘 스파이에게 속속 전달되었다.

둘째, 지휘권 부재와 상호불신이다. 전쟁 시작과 함께 아랍 연합군의 총사령관으로 요르단 국왕인 압둘라가 선출되었다. 아랍 최정예군인 요르단의 진군으로 초기 판세는 압도적으로 아랍 측이 우세했다. 하지만 요르단군이 예루살렘을 포함한 서안지구를 점령한 후 주춤하자 다른 아랍국들은 압둘라를 의구심이 가득한 눈으로 바라보았다. 압둘라 국왕이 이스라엘의 독립선언 전부터 영국 위임통치 정부와 유대인 시온주의 단체와 비밀협상을 벌이며 서안지구에 눈독을 들여 온 전력이 있기 때문이다.

서안지구에 포함된 예루살렘에는 아라비아에 있는 메카, 메디나에 이어 이슬람 3대 성지인 황금돔 사원이 있기 때문에 모든 아랍국들이 탐내는 지역이었다. 특히 아랍권의 맹주 자리를 놓고 막후에서 경쟁하던 이집트와 요르단의 상황을 알 때 압둘라의 이런 행동은 다른 아랍국의 의심을 사기에 충분했다. 이번 전쟁을 압둘라 국왕의 목적

달성을 위해 자신들이 '들러리'로 나서는 전쟁으로 여긴 것이다.
　이런 상황은 곧 지휘권 부재와 상호불신으로 나타났다. 아랍 연합군은 협동작전은커녕 서로를 적으로 오인해 공격하기도 했다. 전쟁 수행 중 곳곳에서 난맥상이 초래되고 상호간에 이해관계가 상충됨으로써 행동 통일에 심각한 균열이 나타났다. 결국 전쟁의 1차 목표인 '이스라엘 타도'는 '요르단 견제'로 바뀌어 전투에 참여한 아랍군들을 심각한 혼란에 빠뜨렸다.
　셋째, 변화된 국제 정세의 흐름을 읽는 감각의 부족이다. 2차 세계대전이 끝나면서 국제 외교 무대는 영국과 프랑스가 지고 미국과 소련이 부상했다. 하지만 아랍 연합군은 이런 흐름을 읽지 못했고 미국과 소련이 이스라엘을 지지하고 나설 것을 알지 못했다. 한 달간 지속된 처절한 전투가 폴케 공의 주선으로 1차 휴전에 들어가자 양측은 유럽 무기시장에서 경쟁적으로 무기를 구입했다. 미국과 소련의 도움, 그리고 국제 시장에 쫙 깔린 유대 상인들 덕분에 이스라엘 측은 체코를 통해 우수한 소련제 신무기들을 입수할 수 있었다. 전투가 재개되자 팽팽하던 1차전과 달리 모든 전선에서 이스라엘군의 우세가 드러났다. 2차 휴전을 끝내고 최종 3차전에 진입하자 전장(戰場)은 이미 팔레스타인을 넘어섰고 이스라엘 전투기는 요르단 수도 암만과 이집트 수도 카이로를 공습했다. 이스라엘 군대가 수에즈 운하까지 진격하자 이집트의 반영주의자들이 그렇게도 굴욕적인 조약이라고 비난하던 1936년 '이집트-영국 협정'에 의거해 영국이 개입하고 나섰다. 결국 영국과 맺은 굴욕적인 조약으로 인해 이집트는 자칫 수도 카이로가 함락될 수도 있는 더 굴욕적인 상황을 모면하게 되었다.

전쟁이 끝나자 이스라엘은 1947년 유엔이 그어 준 국경보다 훨씬 더 넓은 땅을 소유하게 되었다. 그리고 이집트와 요르단에서는 전혀 기대하지 않던 상황이 벌어졌다.

이집트에서는 전투에 참전한 장교들을 중심으로 무능하고 부패한 왕정체제에 대한 불신이 폭발했다. 전쟁은 이집트군이 빈 껍데기에 불과함을 만천하에 드러낸 수치와 모욕 그 자체였다. 왕의 측근들이 결함투성이의 무기를 고가에 구입한 것을 확인한 참전 군인들은 이후 체제 전복을 위한 용사로 탈바꿈하게 되었다. 결국 1952년 쿠데타를 일으키고 파루크 국왕을 강제 퇴위시켜 국외로 추방해 버렸다.

요르단의 상황은 이집트와는 전혀 다르게 전개되었다. 이스라엘과 1949년 4월 3일, 느지막이 휴전 협상을 맺은 압둘라 국왕은 휴전의 조건으로 예루살렘을 포함한 서안지구를 넘겨받았다. 결국 압둘라가 전쟁에 참여한 최종 목적이 서안지구 점령에 있었음이 여실히 드러났다. 1950년 압둘라 국왕은 서안지구를 자국 영토로 합병하고 국호를 '트랜스요르단'에서 '요르단'으로 변경했다. 이런 행위는 팔레스타인 아랍인들의 눈에 철저한 배신 행위로 비쳐졌다. 1951년 7월 압둘라 국왕은 손자와 함께 예루살렘의 황금돔 사원을 방문했는데, 성난 팔레스타인 아랍인에 의해 저격되어 사망했다. 다행히 함께 있던 손자 후세인은 무사했다. 압둘라 국왕의 암살로 아들이 왕위를 계승하지만 정신이상으로 이듬해 폐위되고, 할아버지의 최후를 옆에서 목격한 미성년의 손자 후세인이 1952년 국왕으로 즉위했다.

CHAPTER.
15

이집트의
수에즈 운하 국유화 선언은
왜 전쟁을 초래했을까?

―――― 2차 중동전쟁, 수에즈 전쟁

이스라엘의 기습적인 독립선언과 이를 막기 위한 아랍 연합군의 준비되지 않은 전쟁은 누가 보아도 압도적인 우세를 보일 것 같던 아랍의 '믿어지지 않는' 패배로 결말이 났다. 이스라엘은 엄청난 '피'를 흘리며 신생국가 이스라엘을 지켜 냈다. 하지만 이것은 이스라엘의 건국과 함께 시작될 '끝 모를' 중동전쟁의 서막에 불과했다.

아랍 연합군의 참담한 패배는 연합군의 선두 세력이던 요르단과 이집트에서 엉뚱한 결과를 초래했다. 요르단의 압둘라 국왕은 1951년 암살당했고, 이집트의 파루크 국왕은 1952년에 일어난 쿠데타로 권좌에서 물러나야 했다. 이집트는 새로 등장한 영웅 *나세르* 대통령을 중심으로 새로운 중동전쟁을 준비했는데, 그 시발점은 영국과 프랑스가 주식의 상당 부분을 소유하고 있던 수에즈 운하를 국유화하겠다고 선포하면서부터였다.

나세르 대통령의 수에즈 운하 국유화 선언은 왜 2차 중동전쟁을 초래하는 원인이 되었을까? 이번 장에서는 1차 중동전쟁 이후 이집트의 전후 상황과 미국과 소련을 중심으로 한 국제적인 냉전체제 속으로 빠르게 편입된 중동의 정세에 대해 살펴보고자 한다.

왕정 폐지로 이어진 이집트의 쿠데타

이집트에서는 1차 중동전쟁에 참전한 장교들을 중심으로 무능하고 부패한 왕정체제를 뒤엎고자 하는 혁명의 기운이 싹트기 시작했다.

체제 전복을 위한 수많은 비밀단체들이 만들어지고 그 가운데 대중적인 기반은 없지만 젊은 장교들을 중심으로 만들어진 '자유장교단'의 활약이 두드러지기 시작했다. '자유장교단'은 풍족하지 않은 서민 출신의 소장파 장교 300여 명을 중심으로 결성되었다.

이들은 중동전쟁의 영웅으로서 신망이 높은 *나기브* 장군의 입각을 요구하고 나섰다. 국왕의 계속된 거절로 이들은 1952년 5월 쿠데타를 일으켰고 아무런 저항 없이 정권을 장악했다. 강제로 퇴위된 파루크 국왕은 해외로 추방되었고 그의 장남인 여섯 살의 *푸아드 2세*가 왕위를 계승했다. 나기브 장군을 수상으로 한 내각은 1953년 6월, 내친김에 왕정 자체를 폐지해 버리고 나기브를 대통령에 앉혔다.

이후 대중적 기반이 높은 무슬림형제단의 영향력이 커지면서 혁명 세력 내부에서는 심각한 갈등이 생겼다. 1954년 2월 무슬림형제단은 자유장교단의 두목인 나세르를 암살할 계획을 세우지만 실패했다. 결국 무슬림형제단은 군사정권에 의해 강제로 해체되고 무슬림형제단과 친분이 두텁던 나기브는 대통령직을 사임했다. 이로써 혁명의 실질적 주체 세력이던 나세르가 수상이 되고 1956년 신헌법을 통해 이루어진 선거에서 새로운 대통령에 당선되었다.

선거에 의해 대통령 당선된 기쁨 안은 나세르

아랍의 영웅으로 등장한 나세르

대통령 취임과 함께 시작한 그의 첫 작품은 수에즈 운하에 주둔해 있는 영국군을 철수시킨 것이다. 아랍 민족주의에 불타는 나세르가 이집트 권력의 핵심을 차지하면서 중동 정세는 다시금 급박하게 돌아갔다. 그는 미국과 소련을 대표로 하는 냉전의 틈바구니에서 어느 진영에도 발을 담그지 않는 등거리 외교를 통해 이집트의 국익을 최우선으로 삼는 정책을 펴 높은 인기를 누렸다. 경제개발에 박차를 가하기 위해 아스완 댐 건설을 추진하고 필요한 자금은 미국을 위시한 서유럽에서 차관과 원조로 조달할 계획을 세웠다. 아울러 군사력 증강을 위해 미국과 서유럽의 지원을 요청했다. 1950년에 체결된 미국-영국-프랑스 간의 무기제한 협정으로 인해 서구 세계가 이를 거부하자 나세르는 소련에 접근했다. 결국 체코슬로바키아를 통해 소련제 무기 도입이 이루어졌다. 미국은 이에 반발해 나세르의 대통령 취임 한 달 후인 7월에 지원을 약속한 IMF의 2억 달러 차관을 전격 취소했다.

야망과 패기의 나세르도 이에 굴하지 않고 소련을 등에 업고 수에즈 운하의 국유화를 선언해 버렸다. 아울러 미국의 맹방인 이스라엘이 티란 해협을 통과하는 것을 봉쇄하겠다고 발표했다. 티란 해협 봉쇄는 이스라엘이 인도양 진입을 위해 아프리카를 한 바퀴 돌아야 함을 의미했다. 수에즈 운하 주식의 상당수를 보유한 영국과 프랑스도 나세르가 운하의 국유화를 선언함과 동시에 허를 찔리기는 마찬가지였다.

　나세르의 등장과 함께 시작된 위험한 줄타기 외교는 결국 중동에 또 다른 전운을 감돌게 했다. 몇 차례의 비밀 접촉과 협상으로도 수에즈 운하 문제가 해결될 기미를 보이지 않자 영국과 프랑스는 조심스럽게 군사행동을 계획했다. 이집트와 인접한 이스라엘의 동참을 종용했다. 티란 해협 봉쇄, 나세르의 등장과 함께 잦아진 가자지구의 게릴라 공격에 지친 이스라엘도 이 제안에 선뜻 응했다.

　1956년 10월 29일 애꾸눈 명장인 모셰 다이얀의 신속한 작전으로 이스라엘군은 손쉽게 시내 반도를 장악했다. 때를 맞춰 영국과 프랑스 전투기가 이집트의 전투기를 공습하고 이집트 공군은 제대로 떠보지도 못한 채 궤멸되었다. 곧 영국-프랑스 연합군의 지상군이 투입되고 쉽게 수에즈 운하를 장악했다.

　수에즈 운하를 둘러싸고 전개된 2차 중동전쟁은 전쟁 자체만 놓고 보면 영국-프랑스-이스라엘 세 나라의 일방적인 승리였다. 하지만 이후로 전개되는 상황은 전혀 다르게 돌아갔다. 미국과 소련은 중동에서 영국과 프랑스의 입김과 영향력이 다시금 강해지는 것을 견제하고자 이들의 군사행동을 강하게 비난했다. 소련은 이집트에 대한 3국의 군사행동을 평화에 대한 심각한 도전으로 간주하고, 필요하다면 대륙 간 탄도미사일 공격도 불사하겠다고 엄포를 놓았다. 소련은 이에 대해 미국의 공동 보조를 요청했고 미국은 소련의 입맛대로 응하지는 않았지만 소련의 공격 시 미국은 3국을 돕지 않겠다고 선언했다.

전쟁 발발 6일 만인 11월 6일 유엔의 중재로 정전이 선포되고 영국-프랑스는 12월, 이스라엘은 이듬해 3월에 완전 철군함으로써 전쟁은 마무리되었다.

때로는 군사력만으로 전쟁을 할 수 없다는 교훈을 안겨 준 것이 '수에즈 전쟁'으로도 불리는 2차 중동전쟁이다. 세 나라의 일방적인 승리는 허울뿐이었고 이들의 무력 도발은 중동 지역에 범 아랍 민족주의만 촉발시키는 부작용을 초래했다. 영국과 프랑스는 수에즈 운하에 대한 기득권을 완전 포기해야 하는 값비싼 대가를 치렀다. 미국과 소련의 냉전체제를 적절히 이용해 식민 지배의 잔재인 수에즈 운하의 완전 국유화에 성공한 나세르는 일순간에 아랍의 영웅으로 부상했다. 아랍 민족주의가 확산되고 통일된 아랍 제국을 향한 꿈이 조금씩 실천에 옮겨졌다. 결국 나세르는 전투에서는 패배했지만 정치와 외교에서는 완벽한 승리를 거두게 되었다.

한편 영국과 프랑스가 퇴장함으로써 힘의 공백 상태가 된 중동에 미국과 소련은 그 틈을 타 확실히 안착했다. 미국은 이스라엘과 왕정 체제의 보수적인 아랍국(요르단, 사우디아라비아)과 손을 잡고, 소련은 공화국의 진보적인 아랍국(이집트, 시리아, 이라크)과 손을 잡으면서 중동 외교의 새로운 강자로 등장했다. 이로써 어느 쪽에도 가담하지 않고 제3세계를 표방하던 중동도 미·소를 중심으로 한 국제적인 냉전체제에 급속히 편입되었다.

CHAPTER.
16

이스라엘은 어떻게 불과 6일 만에 국토를 5배나 확장할 수 있었을까?

―――― 3차 중동전쟁, 6일 전쟁

영국-프랑스-이스라엘 세 나라가 일으킨 수에즈 전쟁은 전선에서의 일방적인 승리에도 불구하고 이집트의 나세르 대통령이 쳐 놓은 덫에 걸린 듯한 예기치 않은 결과를 초래했다. 패기 만만한 무명의 장교에 불과하던 나세르는 1952년 쿠데타로 이집트 권력의 핵심으로 등장하더니 1956년 수에즈 전쟁을 통해 일약 아랍 세계의 영웅이요 스타로 부상했다. 이스라엘과 미국, 서유럽은 이제 쉽게 컨트롤이 되지 않는 진짜 적수를 만난 것이다.

나세르는 수에즈 전쟁으로 고조된 아랍 민족주의를 발판으로 1958년 이집트-시리아 합방(1961년 다시 분열)을 선언했고, 이는 범 아랍 세계의 통일로 이어지는 듯싶었다. 같은 해 이라크에서도 혁명이 일어나 왕정이 붕괴되고 공화정이 수립되었다. 1962년 프랑스로부터 알제리가 독립하면서 새로운 아랍국가가 출현했다. 이스라엘도 1948년 독립 당시 65만이던 인구가 1965년에는 230만으로 급증했다. 이런 국내외의 정세는 이스라엘과 아랍 세계의 또 다른 일전을 부추기는 쪽으로 흘러갔다. 팔레스타인에 남아 있던 아랍인들도 자체적인 조직인 '팔레스타인 해방기구'(Palestine Liberation Organization, PLO)를 만들며 이스라엘-아랍 갈등의 새롭고 중요한 변수로 등장했다. 1967년 발생한 3차 중동전쟁, 흔히 '6일 전쟁'으로 불리는 양측의 충돌은 이런 고조된 중동의 분위기에서 폭발한 것이다.

네 차례에 걸친 중동전쟁 가운데 가장 많이 알려진 6일 전쟁으로 이스라엘 국토는 5배 이상 확장되었다. 사방에 압도적이고 적대적인 아랍 세계에 둘러싸인 이스라엘이 어떻게 불과 6일 만에 상대를 제압하고 오히려 광범위한 영토 확장을 이룰 수 있었을까?

팔레스타인 아랍인과 PLO의 등장

이스라엘의 독립선언과 함께 시작된 1948년, 1956년 두 차례의 중동전쟁은 이스라엘을 둘러싼 주변 아랍국들이 주도적으로 일으킨 전쟁이었다. 유대인과 함께 팔레스타인 땅에 남게 된 팔레스타인 아랍인들은 전쟁에서 핵심적인 역할을 하지 못했다. 하지만 두 차례의 전쟁을 거치며 팔레스타인 아랍인들은 스스로를 주변의 아랍 형제들과는 달리 '팔레스타인 아랍인'으로 인식하며 고유한 정체성을 갖기 시작했다. 이들이 중동 지역에 광범위하게 흩어진 아랍인, 개중에서도 시리아의 다메섹을 중심으로 한 대(大)시리아 아랍인으로서의 정체성을 벗고 '팔레스타인 아랍인'으로 자신들을 자각하게 된 데는 두 가지 중요한 이유가 있다.

첫째, 두 차례에 걸친 대(對)이스라엘 전쟁에서의 참담한 패배였다. 무능한 주변 아랍국만 믿고 있다가는 팔레스타인 땅에 자신들만의 아랍국가를 세우는 것이 요원한 꿈에 불과하다는 것을 자각한 것이다.

둘째, 자신들의 이익만 좇는 아랍 형제국들에 대한 배신감이었다. 이스라엘의 독립과 함께 이스라엘과 국경을 맞댄 주변 아랍국들은 주도적으로 그리고 경쟁적으로 전쟁에 참전했다. 겉으로 드러난 이슈는 '아랍은 한 형제'라는 아랍 민족주의였지만 그 속내는 참으로 치졸했다. 이집트와 요르단은 스스로를 아랍 세계의 수장으로 여기며 불꽃 튀는 경쟁을 벌였다. 특히 요르단의 압둘라 국왕이 전쟁이 끝난 후 예루살렘을 포함한 서안지구를 자국의 영토로 편입시키는 것을 본 팔레스타인 아랍인들은 엄청난 충격을 받았다. 주변 아랍국의 관심이 팔레스타인 땅에 자신들만의 아랍 신생국을 세워 주는 데 있는 것이 아니라 자국 영토를 확장시키는 데 있음을 분명히 확인했기 때문이다.

셋째, 1948년 1차 중동전쟁의 발발과 함께 발생한 65만 명의 난민들이 당한 처참한 운명이다. 이스라엘의 독립과 함께 주변 아랍국에 살던 유대인들 81만 명은 거의 대부분 빈털터리로 쫓겨났다. 이들은 이스라엘로 귀환했고 가난한 신생 국가 이스라엘은 이들의 정착을 돕고 이스라엘 사회로 완전히 흡수시켰다. 하지만 전쟁 발발로 인접한 아랍의 형제국으로 피신한 팔레스타인 아랍인들은 자신들이 결코 그곳에서 환영 받을 수 없는 '애물단지'임을 뼈저리게 느꼈다. 이런 상황들이 단순 '아랍인'에서 '팔레스타인 아랍인'으로서 강한 정체성을 갖도록 한 것이다.

팔레스타인 해방기구(PLO)는 1964년 카이로에서 열린 1회 아랍 정상회담에서 아랍연맹의 지원을 받으며 창설되었다. 하지만 1950년대 말 카이로 대학에서 공부하던 팔레스타인 출신의 아랍 젊은이들을 중심으로 '팔레스타인 해방'을 목표로 하는 조직이 이미 만들어졌다. 이 조직이 바로 *야세르 아라파트*가 이끌던 '파타'(Fatah)였다. 파타는 팔레스타인 해방인민전선, 팔레스타인 해방인민민주전선과 함께 PLO를 이루는 3대 거대 조직 중 하나가 되었다. 이중 가장 큰 조직인 파타의 리더인 아라파트가 1968년 제3대 PLO 의장에 선출되면서 PLO는 국제 사회와 이스라엘을 대상으로 팔레스타인을 대표하는 공식 기구로서 발돋움했다. 이들의 목표는 '팔레스타인은 팔레스타인 아랍인 스스로 해방시킬 수밖에 없다. 이스라엘이 강하므로 게릴라 활동을 기폭제로 주변 아랍국들을 끌어들여 이스라엘에 대한 전면전을 시도하는 것'이다.

야세르 아라파트 PLO 의장

고조되는 전쟁의 기운

팔레스타인 해방기구의 공식 출범과 '파타'의 게릴라 활동으로 중동의 긴장은 점차 고조되고 1967년 5월 이집트가 시내 반도에 주둔하던 유엔 평화유지군을 축출하면서 절정에 이르렀다. 소련 영향권에 들어간 시리아는 파타의 게릴라 활동을 적극 지원하고 나섰다. 이집트는 이스라엘과 맞닿은 국경에 10만의 군대를 배치했고 다시 한 번 티란 해협에서 이스라엘 선박의 통행을 봉쇄했다. 수에즈 운하의 통행이 허용되지 않던 이스라엘에게 국제 수로인 티란 해협 봉쇄는 사활이 걸린 문제였다. 시리아도 이스라엘과의 국경인 골란고원에 탱크와 군사를 집중 배치하고 나섰다.

아랍 주변국의 전방위 압박으로 코너에 몰린 이스라엘은 결국 선제 공격으로 기선을 제압하는 방법을 택했다. 1967년 6월 5일 새벽에 전격적인 공습이 시작되었다. 그리고 아침 9시에 두 번, 저녁에 한 번 더 공습이 이루어졌다. 이로써 이집트 공군은 제대로 떠 보지도 못하고 궤멸되었다. 이스라엘 공군의 놀랄 만한 성공으로 제공권을 완전히 장악한 이스라엘은 지상군을 투입해 3일 만에 수에즈 운하를 포함한 시내 반도 전체를 점령했다.

동부 전선에서도 요르단이 차지하던 예루살렘과 서안지구를 점령했다. 특히 유대인들에게 최고의 성지인 예루살렘 '통곡의 벽'과 성전산(솔로몬 성전이 세워진 곳)의 회복을 위해 최정예 지상군과 낙하산 부대가 성전산 위로 투입되는 육–공군 양륙작전이 시행되었다. 1948년 독립전쟁 이후 예루살렘과 서안지구(West Bank)를 차지한 요르단은 1년 중 하루를 제외하고 유대인들의 통곡의 벽 접근을 허락하지 않았다. 유일하게 허락된 날은 주후 70년 로마 장군 티투스에 의해 성전이 무너진 날, 즉 유대인들이 '티샤 베아브'(성전 파괴 애도일)로 기념하는 날이었다. 그것도 정치적인 불안으로 허가가 취소되면 내년을 기약해야 했다. 통곡의 벽에 들어온 유대인들은 한 맺힌 통곡의 기도를 드렸고 떠날 때는 자신의 기도제목을 쪽지에 적어 벽 사이에 구겨 넣었다.

당시 예루살렘 구시가지 안의 비아돌로로사(십자가의 길)를 따라 진격하던 무전병은 떨리는 목소리로 이렇게 보고했다.

"바로 우리 앞에 '코텔'(통곡의 벽)이 보인다."

유대인 최고 성지인 통곡의 벽을 함락하던 순간 군인들은 벽에 손을 대고 하나같이 감격의 눈물을 흘렸다. 그리고 하나 둘씩 입가에서 읊조리기 시작한 노래가 있었다. 바로 6일 전쟁 발발 3주 전인 독립기념일 전야에서 발표된 작곡가 나오미 슈머의 노래인 '예루샬라임 셸 자하브'(황금의 예루살렘)였다. 예루살렘 함락 소식을 들은 국민도 저마다 이 노래를 합창하기 시작했다. 이때의 감격으로 '황금의 예루살렘'은 이스라엘 국가인 '하티크바'(희망)만큼이나 사랑받는 국민적인 노래가 되었다.

북부 전선인 시리아의 골란고원 함락도 또 다른 드라마틱한 스토리를 제공한다. 시리아는 두 차례의 전쟁에서 맥없이 패배하자 작전을 바꾸어 이스라엘의

통곡의 벽 사이에 끼워진 기도문 쪽지들

6일 전쟁으로 통곡의 벽에 도착한 이스라엘 군인들

최대 약점인 물 문제로 이스라엘을 괴롭히기로 했다. 1964년 시리아는 이스라엘의 최대 수원지인 갈릴리 호수로 유입되는 요단 강 상부 수원의 흐름을 변경하는 수로 건설공사를 개시했다. 이 계획이 성공한다면 이스라엘의 수자원은 35% 수준까지 감소되어 그야말로 이스라엘 국민을 중동의 뙤약볕 아래 말려 죽이는 '고사 작전'이 성공하는 것이었다.

이스라엘은 골란고원에서 이루어지는 시리아의 수로 건설 현장을 수차례 공습으로 파괴했는데, 이것 역시 6일 전쟁을 초래한 대표적인 긴장 요소 중 하나였다. 이즈음 이스라엘 정보기관인 '모사드'가 배출한 최고의 스파이인 엘리 코헨이 시리아에서 활동했다. 시리아에 침투해 국방부 차관까지 올라가 시리아 내 최고급 군사 정보를 이스라엘 측에 넘겨준 엘리 코헨은 결국 간첩 행위가 발각되어 1965년 수도인 다메섹 노상에서 교수형에 처해졌다.

하지만 그의 죽음은 헛되지 않았다. 그가 죽은 지 2년 후에 발발한 6일 전쟁에서 이스라엘군은 제한된 병력으로 곳곳이 요새화된 골란고원으로 진격하는 문제를 놓고 격렬한 논쟁과 회의를 거쳤다. 결국 골란고원의 수로(水路) 문제로 그동안 이스라엘을 괴롭히던 시리아로 인해 '무조건 진격'하는 쪽으로 회의의 결론이 났다. 이스라엘군은 그나마 한 가지 믿는 구석이 있었다. 2년 전에 죽은 엘리 코헨이 넘겨준 골란고원 내 시리아군의 진지와 벙커, 탱크 은닉처 등에 대한 자료였다. 이 자료는 거의 100% 정확했고 '난공불락의 요새'인 골란고원 전체를 불과 10시간 만에 정복하는 쾌거로 이어졌다. 당시 국방부 장관이던 '애꾸눈' 모셰 다이얀 장군은 후에 골란고원 정복에 대해 이렇게 술회했다.

"엘리 코헨이 아니었다면 우리는 골란고원을 함락시키기 위해 더 많은 희생을 치러야 했을 것입니다. 아니, 어쩌면 골란고원의 점령은 영원히 불가능했을지도 모릅니다."

불과 6일 만에 끝난 3차 중동전쟁으로 이스라엘 영토는 2만 700km^{2}에서 10만 2,400km^{2}로 무려 5배나 확장되었다. 이

6일 전쟁의 영웅 애꾸눈 장군 모셰 다이얀

전에 요르단이 차지하던 서안지구, 이집트가 차지하던 가자지구와 시내 반도, 시리아가 차지하던 골란고원이 이때 이스라엘 영토로 편입되었다. 이 모든 것이 불과 6일 만에 이뤄졌다.

당시 이스라엘 수상이던 에슈콜은 "주변 아랍국들은 이스라엘이 일주일 전 상태로 돌아갈 것이라는 헛된 환상을 품어서는 안 된다"고 연설함으로써 점령지에서 철수할 뜻이 없음을 분명히 했다. 이스라엘은 점령지 반환을 조건으로 해당 아랍국과 직접 교섭에 나섰고, 이스라엘 국가의 승인, 안정적인 국경의 확립, 수에즈 운하 및 티란 해협과 같은 국제 수로에서 이스라엘 선박의 자유로운 통행, 예루살렘의 합병과 같은 문제들을 주도적으로 협상해 나갈 수 있는 우위를 점하게 되었다.

CHAPTER. 17

아랍의 맹주 이집트는
왜 졸지에 왕따가 되었을까?

4차 중동전쟁, 대속죄일 전쟁

이스라엘에 당한 3차에 걸친 치욕적인 패배는 주변 아랍국의 정상들에게 아랍 민족으로서 최소한의 긍지라도 찾아 주어야 한다는 정치적 의무감을 갖게 했다. 특히 이집트는 시내 반도를 통째로 빼앗기고 바로 코앞에서 이스라엘 군대와 대치해야 했다. 수에즈 운하 건너편에 이스라엘이 구축한 최신 바레브 요새에서 나부끼는 이스라엘 깃발은 이집트 국민에게 한마디로 '치욕'의 상징이었다.

전쟁 패배 두 달 후인 1967년 8월 수단에서 열린 아랍정상회의에서 '아랍의 3가지 No' 원칙이 발표되었다.

'이스라엘과는 강화하지도 않고, 교섭하지도 않고, 승인하지도 않는다.'

하지만 미국은 1970년 미국 주도의 중동 평화협상을 제기했고, 여기에 요르단과 이집트가 화답하면서 한때 평화의 물꼬를 트는 듯했다.

하지만 이것은 또 다른 중동전쟁으로 향하는 서막에 불과했다. 이어진 이집트 대통령 나세르의 의혹에 찬 죽음과 '검은 9월단' 사건, 새로 취임한 이집트 *사다트* 대통령으로 인해 중동의 판세는 처음부터 새롭게 짜야 하는 상황이 되었다. 이번 장에서는 삼세번으로는 미련이 남았는지 마지막 중동전쟁인 4차 중동전쟁으로 향하는 당시의 긴박한 상황에 대해 다루고자 한다.

검은 9월단 사건

연거푸 당한 치욕적인 패배와 영토 상실로 깊은 좌절에 빠진 아랍 진영에서는 1970년 미국이 주도하는 중동 평화협상에 이집트와 요르단이 참여함으로써 새로운 물꼬를 트는 듯싶었다. 하지만 요르단에 본거지를 둔 팔레스타인 해방기구가 태클을 걸면서 상황은 엉뚱한 방향으로 튀게 되었다.

PLO 내 조직인 팔레스타인 해방인민전선(PFLP)은 이에 항의해 서방 항공기 4대를 유럽 상공에서 납치해 이집트와 요르단 사막에서 폭파하는 강수를 두었다. 이에 요르단의 후세인 국왕도 자국 내에 있던 PLO 조직의 소탕 작전을 선포했고, 이후 요르단은 내전 상황으로 치달았다. 이에 대한 반발로 1970년 PLO 산하에 과격 테러단체인 '검은 9월단'이 조직되었다. 이 조직의 이름은 1970년 11월 이집트를 방문한 요르단 총리를 카이로의 호텔에서 암살하면서 자신들을 '검은 9월단'으로 부른 데서 유래했다. 후세인은 1971년 PLO 조직의 완전 소탕에 성공하고 이후 PLO는 레바논으로 본부를 옮겼다.

오늘날의 '알 카에다'처럼 '검은 9월단'이 전 세계에 자신들의 존재감을 부각시킨 것은 1972년 서독 뮌헨 올림픽에서 일어난 선수촌 습격 사건 때문이었다. 이들은 올림픽 선수촌에 침투해 이스라엘 선수 2명을 사살하고 9명을 인질로 잡고 대치하다가 전원 사살되었고 이 광경은 전 세계 TV를 통해 생중계되었다. '평화의 제전'인 올림픽 현장은 20세기 최고의 화약고인 중동 문제를 전 세계인들에게 극적으로 각인시키는 장이 되었다.

이집트, 새로운 인물 사다트의 등장

1970년 이집트의 나세르 대통령은 내전에 휩싸인 요르단 문제를 수습하려다가 축적된 과로로 인해 사망했다. 그의 사인은 심근경색으로 밝혀졌지만 암살 의혹이 제기되었다. 나세르의 죽음으로 그와 사관학교 동기이자 부통령인 사다트가 대통령에 취임했다. 사다트가 취임한 초기 3년간은 이집트 현대사에서 최악의 사기 저하와 경제 불황으로 고통 받던 시기였다. 대학가를 중심으로 이스라엘에 빼앗긴 시내 반도 탈환을 요구하는 여론이 빗발쳤다. 사다트는 나름대로 개혁에 대한 청사진이 있었지만, 자신이 원하는 개혁 드라이브를 밀어붙이기에는 자신이 그다지 지지 기반과 인기가 없는 대통령임을 잘 알았다. 이런 상황에서 이스라엘과의 전쟁은 이집트 내부에 산적한 문제를 해결할 수 있는 확실한 돌파구로 보였다.

이런 가운데 시리아는 6일 전쟁에서 빼앗긴 골란고원을 수복하기 위해 빠른 속도로 군 현대화를 추진했다. 시리아는

안와르 사다트 이집트 대통령

이집트로부터 약간의 도움만 받는다면 골란고원을 다시 찾을 수 있다는 자신감을 가질 만큼 충분한 군사력 증강에 성공했다.

대속죄일 전쟁

1973년 10월 6일, 드디어 4차 중동전쟁이 발발했다. 이 전쟁은 이슬람의 한 달 금식기간인 '라마단' 기간에 일어나 '라마단 전쟁'이라고도 하고, 이스라엘의 금식일인 대속죄일(욤-키푸르)에 일어나 '욤-키푸르 전쟁'이라고도 불린다. 네 차례의 중동전쟁에서 6일 전쟁과 함께 많은 사람들의 입에 회자되는 전쟁이기도 하다.

아랍 측은 수차례에 걸쳐 총공격설을 퍼뜨리고 이스라엘도 이에 전군 소집령으로 대응하기를 반복했다. 마치 '늑대가 나타났다'고 거짓말한 양치기 소년처럼 이런 상황이 반복되자 이스라엘도 경계가 느슨해지기 시작했다. 6일 전쟁에서 경험한 환상적인 승리의 도취감에서 아직도 깨어나지 않았기 때문일까? 실제로 이스라엘은 전쟁이 발발하는 순간까지 긴장이 많이 풀려 있는 모습이 역력했다. 6일 전쟁으로 영토가 5배 이상 확장되자 이전처럼 바로 코 앞에서 적들과 싸워야 하는 상황에서 벗어난 것이 긴장감을 늦추게 만든 주된 원인이었을 것이다.

이스라엘군은 중동 최강을 자랑하는 공군력만 믿고 이스라엘 최고의 성일(Holy Day)인 대속죄일 명절에 들어갔다. 이날은 이스라엘의 성인 모두가 24시간 금식에 들어가며 TV, 라디오 등 모든 방송매체도 방송을 하지 않고 거리에도 모든 차량 통행이 금지된다.

이집트와 시리아를 중심으로 전개된 4차 중동전쟁의 디-데이(D-day)는 이런 이유로 이스라엘의 '대속죄일'로 정해진 것이다. 전쟁 개시는 극비리에 알려졌고 심지어 병사들도 전쟁 발발 몇 시간 전까지도 이를 모를 정도로 비밀이 유지되었다. 4차 중동전쟁은 개전 후 48시간까지 아랍 측의 완벽한 우세로 전개되었다. 이집트군은 수시간 만에 수에즈 운하를 건넜고 이스라엘이 자랑하던 제공권도 지대공 미사일에 이스라엘 전투기들이 수시로 격추되면서 명성을 잃기 시작했다. 이스라엘의 무패 신화가 깨지는 순간이었다. 이집트군은 수에즈 운하를 건너 동쪽으로 10km까지 진격했다. 시리아군도 골란고원을 차지했다. 그러나 아랍 측의 진격은 거기까지가 한계였다.

이스라엘의 결사적인 항전이 시작되었고 미국의 원조도 큰 힘이 되었다. 특히 미국 첩보위성은 이집트군 중앙부와 취약지구를 구별해 낱낱이 이스라엘군에 통보해 주었다. 전쟁 2주 후 수에즈에 주둔한 이집트군 중앙부를 돌파해 수에즈 운하 역도하에 성공한 이스라엘은 운하 건너편에 교두보를 확보하고 카이로를 향한 진격을 앞두고 있었다. 수에즈 운하 도하를 위해 선두에 배치된 특공대는 거의 전원 사망할 정도로 치열한 전투가 벌어졌다. 북부 전선에서도 골란고원에서 시리아군을 완전히 쫓아내는 데 성공했고, 시리아의 수도인 다메섹 진격을 앞두고 있었다.

석유 무기화 발동

초반에 수세에 몰린 이스라엘이 전세를 완전히 뒤집고 적을 제압할 수 있는 상황이 되자 전혀 엉뚱한 곳에서 변수가 튀어나왔다. 이스라엘군의 수에즈 운하 역도하로 이집트의 상황이 촉박하게 돌아가자 10월 17일 쿠웨이트에 모인 OPEC(Organization of the Petroleum Exporting Countries, 석유수출국기구) 회원국들은 매월 5% 석유 감산 결정을 발표했다. 그러나 아랍 지지국과 이스라엘의 점령지 철수를 지지하는 국가에는 지금과 같은 양의 석유를 공급하겠다면서 아랍 지지를 호소했다. 아울러 이스라엘을 원조하는 미국과 네덜란드에게는 석유 수출 전면금지를 선언했다. 그리고 기습적으로 석유 가격 70% 인상을 발표했다.

아랍 산유국이 발표한 석유 전략은 대성공을 거두었다. 유럽 연합의 여러 국가와 일본이 아랍 지지로 선회하고 몇 나라는 이스라엘과의 단교로까지 나아갔다. 아랍국은 이스라엘에 대한 자신감을 회복했고 전선에서의 열세를 역전시킨 이스라엘은 외교 무대에서 완전한 고립에 처하게 되었다. 미국 국무장관 키신저의 정력적인 외교로 적들의 완전한 제압을 눈앞에 둔 이스라엘은 미국의 압력에 버티지 못하고 11월 초 휴전에 동의했다.

빈에 위치한 OPEC 본부

이집트-이스라엘 평화협상

이스라엘에 치명타를 입히고 최소한의 자존심을 회복한 후에 이스라엘과 교섭하겠다는 계획을 갖고 있던 이집트의 사다트 대통령은 아랍국 최초로 이스라엘과의 관계 개선을 타진했다. 1977년 11월 9일 사다트는 국회에서 '평화를 위해서라면 땅끝을 포함해 이스라엘 국회에도 갈 의사가 있다'고 연설함으로써 전 세계를 놀라게 했다. 여기에 이스라엘 수상인 베긴이 화답함으로써 11월 19일 저녁 8시 벤구리온 국제공항에 사다트를 태운 이집트 대통령 전용기가 착륙하게 되었다. 이 장면을 보도한 기자는 흥분에 가득 차 이렇게 말했다.

"우리는 이 장면을 보고 있습니다. 그러나 이것을 믿을 수가 없습니다."

지난 4차에 걸친 중동전쟁에서 늘 선봉에 섰던 이집트의 대통령이 이스라엘을 방문했다는 것은 그만큼 충격적인 뉴스였다. 사다트는 일약 서방 세계의 스타가 되었지만 한쪽에서는 그의 암살을 걱정하는 목소리도 나왔다. 팔레스타인 아랍인들은 분노했지만 이집트 국민은 자국 대통령을 열렬히 환호했다. 이집트 국민은 수차례 전쟁으로 심신이 지쳐 있었다. 지난 중동전쟁에서 맏형 노릇을 하며 온갖 희생을 치렀지만 팔레스타인 아랍인들은 전혀 고마워할 줄 모르고, 다른 아랍국들은 저마다 자신들의 이익만 챙긴다는 피해의식이 컸기 때문이다.

사다트의 방문으로 이집트와 이스라엘은 1978년 9월 5~18일 미국 대통령의 여름 별장인 '캠프 데이비드'에서 합숙하며 마라톤 평화협상을 벌였다. 미국 카터 대통령의 중재로 사다트 대통령과 베긴 수상이 머리를 맞대고 중동 평화를 위한 기본안을 도출해 냈다. 그것은 '시내 반도에서 이스라엘군의 완전한 철수, 시내 반도에서 이집트군의 주둔 제한, 수에즈 운하와 티란 해협에서 이스라엘 선박의 자유 항해, 3개월 내 양국 평화조약 체결'을 골자로 한 것이었다.

예정보다 3개월 늦은 1979년 3월 백악관에서 이집트-이스라엘의 평화조약이 조인되었다. 이집트를 시작으로 다른 아랍국들과 이스라엘의 순차적인 평화협상을 주선하려 한 이집트의 기대와는 달리 이후의 상황은 전혀 다르게 전개되었다. 아랍 연맹은 바그다드에 모여 배신자 이집트에 대한 제재 조치를 결정했다. 이 회의에서 '이집트의 아랍 연맹 가맹국 자격 정지, 아랍 연맹 본부를 카이로에서 튀니지로 이전, 이집트에 대한 경제 원조 중지, 이집트와의 국교 단절'이 선언되면서 아랍의 맹주 이집트는 졸지에 아랍 세계에서 '왕따'가 되었다.

이집트-이스라엘 평화조약의 주역인 안와르 사다트, 지미 카터, 메나헴 베긴(왼쪽부터)

사다트의 암살

이스라엘과의 평화조약 조인으로 사면초가 상황이 되자 이집트 국내에서도 비판 여론이 들끓기 시작했다. 대통령 임기 초에 언론의 자유를 비롯한 민주적 행보를 보이던 사다트 대통령은 외부의 고립과 내부의 비난이 거세지자 점점 독선적으로 변해 갔다. 1980년에는 조작된 선거로 영구 집권을 도모하기도 했다. 정권 초기에 사다트의 열렬한 지지자였던 이슬람 세력은 이스라엘과의 평화조약으로 등을 돌리더니 이후 가장 핵심적인 반정부 세력이 되었다.

1979년 이란에서 *호메이니*에 의해 일어난 이슬람 혁명은 이집트 내 이슬람 세력을 크게 고무시켰고 사다트 정권을 바짝 긴장시켰다. 자칫 이란에서 성공한 이슬람 혁명 분위기가 중동 전역으로 확산될 경우 세속적인 아랍국의 정권 교체가 도미노처럼 일어날 판이었다. 사다트는 자국 내 무슬림형제단을 강제로 해체했고 이들은 점조직화해 지하로 숨어 들어가 과격 무장단체로 급격히 전환되었다.

그리고 운명의 날이 다가왔다. 1981년 10월 6일, 이날은 사다트의 최대 업적인 4차 중동전쟁에서 수에즈 운하 도하에 성공한 것을 기념하는 '전승 기념일'이었다. 오후 1시, 프랑스 전투기가 상공을 날 때 행진 대열에서 움직이던 트럭 한 대가 갑자기 멈추고 소총을 든 장교 하나가 트럭에서 뛰어내렸다. 좌우에 앉아 있던 부통령 *무바라크*와 국방부 장관 *아부 가잘라*가 뭔가 심상치 않음을 느끼고 제지시켰지만 사다트는 이를 무시하고 장교가 자신에게 경례를 하려는 줄 생각하고 이에 답하기 위해 벌떡 일어섰다. 그리고 사열대를 향해 소총이 발사되었다. 트럭에서는 다른 세 명이 내려 사열대를 향해 수류탄을 투척하고 소총을 난사했다. 사다트는 즉시 병원으로 이송되었지만 이미 싸늘한 시신으로 변해 있었다. 첫 번째 소총을 발사한 범인은 사격교관으로서 그가 쏜 첫 탄환은 사다트의 심장을 정확히 맞추었다.

이집트에는 비상사태가 선포되고 부통령 무바라크가 대통령에 추대되었다. 서방 세계의 스타인 사다트의 장례식에는 많은 외국 정상들이 왔지만 정작 아랍국 지도자는 한 명도 찾지 않았다. 사다트를 죽인 암살범은 이렇게 자신의 소회를 밝혔다.

"나는 독재자 파라오를 죽였을 뿐이다."

호스니 무바라크 이집트 대통령

CHAPTER.
18

냉전 붕괴와 걸프 전쟁으로 중동국가들은 어떻게 변했을까?

―― 레바논 전쟁과 걸프 전쟁

1948년 이스라엘이 독립을 선언한 이후 1948년, 1956년, 1967년, 1973년, 4차에 걸친 중동전쟁이 발발했다. 거의 10년에 한 번꼴로 이스라엘은 주변 아랍 연합국과 전면전을 벌였고 이를 승리로 이끌며 생존했다. 1~3차의 중동전쟁은 이스라엘의 완전한 승리였고 4차 중동전쟁은 허를 찔린 이스라엘이 그간의 무패 신화를 접고 무승부를 기록한 전쟁이었다.

그러나 이것으로 끝이 아니었다. 1980년대, 1990년대로 넘어가면서 이스라엘은 새로운 스타일의 전쟁에 대비해야 했다. 1982년에 일어난 '레바논 전쟁'과 1991년에 일어난 '걸프 전쟁'이 그것이다.

레바논 전쟁: PLO 본부 소탕 작전

1970년 발생한 '검은 9월단 사건' 이후 요르단에서 완전 소탕된 PLO는 남부 레바논으로 거점을 옮겼다. 1971년 자신들을 추방한 요르단과 1979년 이집트-이스라엘의 평화협정 조인으로 더 이상 주변 아랍국만 의지할 수 없음을 절감한 PLO는 본격적으로 독자 노선에 나섰다. 이스라엘과 국경을 접한 레바논의 남부를 거점으로 게릴라 공격과 로켓포 공격을 반복한 것이다.

1982년 6월 6일 발발한 레바논 전쟁은 로켓포 공격에 방치된 이스라엘 북부 갈릴리 지방을 수호하기 위한 목적으로 시작되었다. '갈릴리를 위한 평화작전'이란 작전명으로 PLO 게릴라의 남부 레바논 거점을 궤멸시킴과 동시에 국경에서 40km 이북인 로켓포 사정거리 바깥까지 게릴라들을 밀어 올리는 것이 작전의 목표였다. 그러나 작전을 수행한 당시 국방부 장관인 아리엘 샤론은 그 이상을 북진했다.

1979년 이집트와 평화조약을 체결한 이스라엘은 남쪽의 군사적 위협에서 해방되고 대국(大國) 이집트가 빠진 상태에서 아랍 연합이 무력함을 알기에 이번 기회에 더욱 큰 그림의 작전을 수행한 것이다. 베긴 수상과 샤론 국방부 장관의 진짜 구상은 '레바논의 PLO 거점 완전 궤멸, 레바논에 대한 시리아의 영향력 약화, 레바논에 친이스라엘 정권 수립'에 있었다. 이스라엘군은 동베이루트에 거점을 둔 마론파 기독교 세력과 합동으로 서베이루트의 PLO 본부를 궤멸시켰다. 서베이루트 포위 2개월 후 7,000명의 PLO 게릴라가 시리아, 튀니지, 이라크, 요르단, 남예멘 등으로 추방되었다. 아라파트 의장과 PLO 간부들은 튀니지로 철수했다.

서베이루트에서 팔레스타인 게릴라 철수가 완료된 직후인 1982년 9월 1일 미국 레이건 대통령은 '새로운 출발'이라는 이름의 신중동평화안을 발표했다. 이에 대해 아랍 측은 모로코의 페스에서 열린 아랍 정상회담에서 레이건의 제안에 화답했다. '페스 제안'으로 불리는 이 선언에서 아랍 정상들은 '중동 역내 모든 국가의 안전을 보장한다'는 표현으로, 간접적이긴 하지만 이스라엘의 존재를 처음으로 인정했다. 이것은 레바논 전쟁 이후 아랍 세계의 분위기가 급격히 변하고 있음을 보여 주는 사건이었다.

냉전의 종언: 얄타에서 몰타로

2차 세계대전 말인 1945년 2월 얄타회담에서 시작된 '냉전'체제는 1989년 12월 몰타회담에서 완전한 종말을 고하게 된다. 이미 11월 초 '베를린 장벽'이 붕괴되고 12월 22일 루마니아 차우세스쿠 정권이 몰락하면서 냉전 시대의 종언은 이미 돌이킬 수 없는 흐름이 되었다.

1987년 봄 시리아의 *아사드* 대통령을 초청한 소련의 고르바초프 서기장은 "이

미하일 고르바초프 서기장

제는 아랍-이스라엘 분쟁을 무력으로만 해결할 수 없다"고 단언함으로써 아사드를 충격에 빠뜨렸다. 1970년대부터 시리아는 '전략적 균형' 정책, 즉 시리아의 군사력을 이스라엘과 같은 수준으로 끌어올린 후 평화교섭을 추진한다는 정책을 추진해 왔고, 이를 위해서는 소련의 지속적인 원조가 필요했는데 자기 발등의 불을 끄는 게 급한 소련이 중동 문제에서 발을 빼겠다고 선언했기 때문이다.

1980~1988년까지 일어난 이란-이라크 전쟁은 아랍 대 이란의 대립 구도로 중동의 정치 지도를 일순간에 바꾸었다. 1979년에 성공한 이란의 이슬람 혁명은 주변의 세속적인 아랍국 정상들에게 공포감을 안겨 주었고, 이란-이라크 전쟁에서 대다수 아랍국가들이 이라크를 지지하는 것으로 나타났다. 아랍국가는 이란에 공동 대처하기 위해

이스라엘과의 단독 평화협상으로 인해 소외시킨 이집트와도 관계를 회복했다. 이런 가운데 시리아는 이란을 계속 지지하고 이집트를 배신자로 비난하며 아랍국 주류의 흐름에 동참하지 않았다. 자신들의 배후에 있는 소련을 굳게 믿었기 때문이다.

그러나 고르바초프와의 만남과 몰타회담 이후 시리아의 아사드 대통령은 즉시 이집트의 무바라크 대통령에게 전화를 걸어 관계 회복에 나섰다. 몇 년 전 이집트가 그랬던 것처럼 자칫 시리아가 아랍 세계의 '왕따'가 될 수 있는 상황으로 몰렸기 때문이다. 시리아는 1991년 걸프 전쟁에서 미국이 주도하는 다국적군에 가담함으로써 빠르고 민첩한 외교 적응력을 보여 주었다.

걸프 전쟁을 향하여

몰타회담으로 냉전체제가 무너지고 소련이 해체되는 상황은 아랍 세계에 큰 혼란을 야기했다. 처음부터 '아랍의 단결, 아랍은 한 형제'라는 구호는 외부적인 슬로건에 불과했지만 소련이 사라진 이후 아랍 세계는 크게 분열되어 철저하게 자국 이익을 우선하는 정책으로 전환했다. 이런 상황에서 이라크의 *사담 후세인*의 그림자가 중동에 새로운 전운을 가져오는 먹구름으로 변하기 시작했다.

1990년 3월 22일 캐나다 과학자 불(Bull) 박사가 브뤼셀의 자택에서 살해되었다. 그는 탄도물리학의 전문가로 이라크가 추진 중인 '슈퍼건'의 설계를 맡고 있었다. 이것은 포신 길이가 수십 미터에 달하는 거대한 대포로서 사정거리가 길고 저비용으로 인공위성까지 쏘아올릴 수 있는 첨단 무기였다. 이어 3월 28일 런던의 히드로 공항에서 이라크로 밀수입되려던 콘덴서가 압수되었다. 이것은 핵무기 기폭장치로 사용 가능했는데, 드라마나 영화에서 묘사되곤 하는 허구적인 장면이 아니라 1990년 발생한 실제 사건이었다. 일련의 사건으로 핵무기를 포함한 이라크의 대량 살상무기 개발 의혹이 급속히 제기되었다. 1981년 이라크의 원자로를 이스라엘이 폭격한 것처럼 이스라엘의 실력 대응 가능성이 대두되었다.

5월 28일 바그다드에서 긴급 아랍 정상회담이 열렸다. 시리아가 이집트에 접근한 것처럼 요르단과 PLO는 신속하게 이라크에 접근했다. 회의 첫날 이라크는 갑자기 쿠웨이트가 OPEC 생산 할당 이상으로 석유를 생산한다고 강하게 비난했다. 후세인의 분노는 사실 채무 취소 요청에 응하지 않는 쿠웨이트를 향해 있었다. 후세인은 이란과의 전쟁 중 발생한 채무를 탕감해 줄 것을 쿠웨이트에 요청했는데 쿠웨이트가 이를 수용하지 않자 으름장을 놓은 것이다.

이것은 단순한 으름장으로 끝나지 않았다. 1990년 8월 2일 후세인은 10만의 이라크군을 이끌고 쿠웨이트를 침공했고 8일 만에 쿠웨이트는 이

사담 후세인 이라크 대통령

라크의 '19번째 주'로 편입되었다. 1991년 1월 17일 미군을 중심으로 한 다국적군이 이라크로 진격해 2월 27일 쿠웨이트에서 이라크군을 완전히 추방시켰다. 이것이 바로 걸프 전쟁이다.

후세인이 쿠웨이트를 합병한 이후 걸프 전쟁이 종결되기까지 7개월 동안 각종 외신에서 가장 많이 등장한 단어는 '연계'(linkage)였다. 이것은 후세인이 쿠웨이트 점령 후 8월 12일에 행한 연설에서 쿠웨이트 문제의 해결 조건으로 서안지구와 가자지구를 포함한 모든 점령지에서 이스라엘이 완전 철수할 것을 '연계'시켰기 때문이다. 4차에 걸친 중동전에서 거의 뒷짐만 지고 있던 이라크가 쿠웨이트에 진 빚을 탕감 받기 위해 전쟁을 일으켜 놓고는 갑자기 팔레스타인 아랍인 문제를 걸고 나온 것이다. 그의 속마음이야 어쨌든 후세인은 이러한 '연계 제안'으로 아랍의 영웅으로 간주되었다.

PLO는 잊혀진 자신들의 문제를 다시 부각시켜 준 후세인이 고마웠고, 그를 지지하기 위해 서안지구에서 거듭된 유혈 충돌로 소란을 일으켰다. 그런 의미에서 걸프 위기는 팔레스타인 문제와 확실히 '연계'되기 시작했다. 연계 현실을 상징적으로 보여 준 것은 뭐니 뭐니 해도 걸프 전쟁 동안 이라크가 이스라엘을 향해 스커드 미사일로 공격한 것이다.

다국적군 공격 개시 다음날인 1월 18일부터 2월 25일까지 총 18회, 39발의 미사일이 이스라엘로 발사되었다. 후세인은 이스라엘을 전쟁에 말려들게 함으로써 자신의 탐욕으로 붉게 물든 전쟁을 '이스라엘 대 아랍'이라는 전통적인 대립 구도로 바꾸려고 했다. 하지만 이스라엘은 후세인의 계획에 끝내 말려들지 않았다. 이스라엘의 자제 배경에는 부시 미국 대통령의 강한 압력이 있었고 아울러 후세인이 끝까지 판단 미스를 하지 않은 것도 중요한 요인이었다. 이라크가 최후까지 독가스 등 화학무기를 사용하지 않고 통상의 탄두 미사일로만 공격한 것이 이스라엘의 반격을 막은 것이다. 1월 25일경 이라크 군사령부는 화학탄두 사용을 진언했지만 후세인은 이를 거부했다. 이라크가 화학무기를 사용하면 미국과 이스라엘이 핵무기로 대응할 것이 분명한 상황에서 모든 게 끝날 수 있는 자살행위를 하지 않은 것이다.

CHAPTER.
19

왜 아랍의 인티파다는 계속되고 있을까?

오슬로 협정과 팔레스타인 자치정부 수립

1989년 몰타회담으로 냉전체제가 끝나면서 미·소 공동의장에 의한 중동 평화회의가 가능해졌다. 아울러 1991년 걸프 전쟁 이후 아랍 각국이 자국의 이익을 최우선시하는 현실주의로 급선회함으로써 1990년대 중동의 외교 지도는 전혀 새로운 판을 짜게 된다. 1991년 10월 30일, 스페인의 마드리드에서 이스라엘과 아랍 측 분쟁 당사자가 얼굴을 마주 대했다. 사담 후세인의 진의와는 무관하게 이라크의 이스라엘에 대한 미사일 공격은 팔레스타인 문제가 중동 역내 문제의 핵심으로서 강렬한 에너지를 감추고 있음을 적나라하게 보여 주었기 때문이다.

베이커 미국 국무장관은 1991년 3월부터 10월까지 중동을 8차례 순방하면서 마드리드 회의의 3대 장벽인 교섭 방식, 팔레스타인 아랍인의 참가 방식, 팔레스타인 아랍인의 자결권 문제를 해결했고 회의의 중재자로 적극적인 외교에 나섰다. 베이커 국무장관의 의욕적인 외교는 협상의 최종 당사자인 이스라엘과 팔레스타인 아랍인을 협상 테이블에 앉히는 데까지가 전부였다. 말을 물가로 데려올 수 있지만 강제로 물을 마시게 할 수는 없지 않은가?

마드리드 회의는 양측이 요구하는 도저히 만날 수 없는 평행선으로 인해 교착 상태에 빠졌다. 하지만 겉으로 드러난 마드리드 회의와는 별도로 오슬로 협정으로 불리는 비밀 교섭이 진행되고 있었는데 오히려 이 비밀 교섭을 통해 전 세계를 놀라게 한 이스라엘-팔레스타인 간의 합의가 도출되었다. 아무도 기대하지 않던 놀라운 합의가 도출된 데는 국내외 정세가 모두 서로를 인정하고 협상할 수밖에 없는 상황으로 그들을 몰아갔기 때문이다.

궁지에 몰린 PLO

PLO 지도부는 걸프 전쟁 중 이라크를 지지한 정치적 실수를 시급히 만회해야 하는 상황이었다. PLO가 이라크를 지지한 탓에 쿠웨이트 내 40만에 달한 팔레스타인 출신의 아랍인 사회는 궤멸에 가까운 타격을 입었다. 이들은 대부분 국외 추방과 이라크 협력자로 낙인 찍혀 체포되거나 살해당했다.

튀니지의 PLO 본부는 심각한 재정난에 봉착했다. 전후 패전국이 된 이라크 자신의 코가 석자가 되자 이라크는 PLO 원조금을 중단했고 쿠웨이트 내 팔레스타인 출신 아랍인으로부터 소득세 명목으로 5%를 받아 오던 지원금도 못 받게 되었다. 이런 상황에서 1987년부터 이스라엘 내 가자지구와 서안지구에서 인티파다(민중봉기)를 직접 지휘하면서 새롭게 부상한 *후세이니*, *누세이베*와 같은 팔레스타인 거주 아랍 지도자들이 튀니지에 망명해 있는 PLO 지도부에 강력한 위협으로 등장했다. 베이커 국무장관도 PLO와는 교섭하지 않는다는 원칙에 따라 이들 팔레스타인 거주 아랍 지도자들과 접촉을 시도함으로써 PLO는 자칫 팔레스타인 아랍인의 대표성마저 사라질 위기에 처했다.

궁지에 몰린 이스라엘

지난 네 차례의 중동전쟁을 통해 아랍 세계에 대해 자신감에 차 있던 이스라엘이었지만 걸프 전쟁이라는 새로운 유형의 전쟁을 치르며 '방위 논쟁'이 뜨겁게 일어났다. 이전까지의 전쟁은 전방과 후방의 분명한 구분이 있었고 전방에서 싸우는 군인과 달리 후방의 시민들은 어느 정도 안심할 수 있었다. 걸프 전쟁이 진행되던 한 달 이상, 이라크에서 쏘아대는 스커드 미사일은 이스라엘 시민 전체를 공포의 도가니로 몰아넣었다.

사이렌이 울리면 2분 내에 방독면을 쓰고 방공호로 들어가는 것 외에 달리 할 수 있는 일이 없음을 안 이스라엘 시민들은 국가 방위에 대해 전향적인 생각을 하게 되었다. 이전에는 '이스라엘은 국토가 작아서 점령지를 돌려주지 않고 완충지대로 반드시 확보해야 한다'는 '전략적 종심성' 이론이 힘을 받았지만, 서안지구와 가자지구를 아무리 점령하고 있어도 날아오는 미사일에 대한 효과적인 방어가 될 수 없음을 인식하기 시작한 것이다. 차라리 점령지를 반환하고 아랍국들과 전면적인 평화조약을 맺는 편이 나을 수 있다는 견해가 힘을 얻기 시작했다.

냉전체제가 무너진 세계 정세도 팔레스타인과의 직접 협상을 위한 압력으로 작용했다. 냉전 시대에 이스라엘은 대(對) 소련 전략을 빌미 삼아 미국으로부터 방대한 경제적, 군사적 원조를 끌어낼 수 있었다. 하지만 냉전체제가 무너지면서 이스라엘의 전략은 차질을 빚었다.

오히려 걸프 전쟁을 치르며 미국은 이스라엘을 자제시키는 것이 쉽지 않음을 알았고 이스라엘이 큰 짐이 됨을 느꼈다.

소련 해체 후 200~300만 명의 소련 거주 유대인들이 대거 이주해 오면서 이스라엘은 이들을 수용하기 위한 주택 건설을 위해 100억 달러의 자금을 세계상업은행에서 융자 받아야 했다. 이때 싼 이율의 융자를 받는 조건으로 미국이 보증을 서기로 했는데, 미국 정부는 이를 이용해 이스라엘이 평화협상에 응하도록 압박했다.

이외에도 이스라엘은 국내에 이슬람 원리주의 단체들이 늘어나자 골머리를 썩고 있었다. 하마스, 이슬람 지하드 등 무슬림형제단에서 분리되어 나온 단체들은 이스라엘의 생존권을 인정하지 않고 이스라엘과 평화교섭을 추진하는 PLO를 오히려 배신자로 낙인 찍었다. 이들은 PLO와 분명한 선을 긋고 과격한 테러 정책으로 일관하고 있었다. 이스라엘 편에서도 튀니지로 이전한 이후 이스라엘의 생존권을 인정하고 협상에 나선 PLO를 팔레스타인의 협상 파트너로 삼는 게 그나마 나았다.

오슬로 협정

이스라엘과 팔레스타인이 처한 막다른 골목의 상황은 교착 상태에 빠진 마드리드 회의와는 별도로 오슬로 협정으로 불리는 비밀 교섭이 극적으로 타결되는 데 중요한 역할을 했다. 1993년 9월 13일, 이

오슬로 협정에서 악수를 나누는 라빈 총리와 아라파트 의장

스라엘과 PLO는 '잠정적인 자치에 대한 원칙 선언'에 조인함으로써 세계를 다시 놀라게 했다. 그 직전 양측은 서로를 승인함으로써 오랜 적대 관계에 종지부를 찍었다.

'무슨 일이라도 발생할 수 있는 곳이 중동'이란 말이 있다. 1개월 전까지만 해도 이스라엘의 라빈 총리는 "테러 조직 PLO와는 절대로 교섭하지 않는다"고 천명했다. PLO의 아라파트 의장도 "평화교섭에서 더 이상의 타협은 없다"고 공언했다. 하지만 겉으로 뱉는 허언과는 달리 양측이 처한 딜레마가 오슬로 협정을 이끌어 냈다.

오슬로 협정의 실질적인 막후 역할은 노르웨이 응용사회학 연구소 소장인 텔리에 라이센이 맡았다. 그는 노르웨이 정부 의뢰로 가자지구와 서안지구의 아랍 사회 실태를 조사하던 중 워싱턴 공식 채널과는 별도의 사이드 채널이 필요함을 느끼고 이 비밀 교섭을 중재했다.

클린턴 미국 대통령은 백악관에서 가진 오슬로 협정의 최종 조인식에서 미국이 이 교섭의 배후에 있는 듯 행동했지만 사실은 완전히 장외에 있었고 클린턴 정권의 센스 없는 외교가 여실히 드러난 순간이었다.

선행적인 자치의 개시

오슬로 협정의 골자는 '팔레스타인 국가 창설'을 최종적인 목표로 삼고 가자(Gaza)와 여리고(Jericho)를 중심으로 선행적인 자치를 시작하는 데 동의한 것이다. 오슬로 협정은 '합의할 수 있는 분야부터 합의한다'는 접근 방식으로 타결된 것인데, 이런 식의 협상은 분명 장단점이 있다. 장점이라면 교섭을 성공적으로 타결 지을 수 있다는 것이지만, 단점은 어차피 부딪칠 민감한 문제들을 최종 단계로 회피함으로써 결국 새로운 상호 불신을 낳을 위험이 있다는 것이다.

'팔레스타인 국가 창설'을 위해 가장 민감한 이슈인 예루살렘 문제, 정착촌 문제, 상호간의 안전보장 문제, 국경의 확정 문제, 팔레스타인 난민 문제 등 5개의 사항이 모두 3단계로 미뤄졌기 때문이다. 결국 겉으로는 협상이 타결된 듯 보이지만 자세히 들여다보면 미루어진 것이고 언제 깨질지 모르는 불안한 상황인 것이다.

아무튼 양측은 오슬로 협정의 1단계 과정으로 1994년 5월 13일 여리고 시에서, 그리고 5월 18일 가자 시에서 팔레스타인 아랍인의 선행적인 자치를 실시하게 되었다. 선행자치의 면적은 이들이 최종적인 영토로 삼고자 하는 가자지구와 서안지구 전체 면적의 20분의 1에 불과한 초미니 자치였지만, 그야말로 일단 시작하는 데 최고의 의미를 부여했다.

선행 자치가 시작되기 전에 쌍방의 과격파에 의한 테러 공격이 발생했다. 1994년 2월에는 헤브론의 한 모스크에서 유대인 정착민이 자동소총을 난사해 다수의 아랍인이 살해되었다. 4월에는 아풀라와 텔아비브에서 버스 폭발로 100명의 유대인 사상자가 발생했다. 이런 상황은 양측의 평화 정착과 공존이 생각처럼 쉽지 않음을 극명하게 보여 주는 사건들이다. 하지만 이것은 더 큰 비극으로 가는 작은 서막에 불과했다.

라빈 수상의 암살과 인티파다 발생

중동 평화 과정에서 가장 충격적인 사건은 집회 참가자 전원이 '평화의 노래'를 드높이 부른 직후에 발생했다. 1995년 1월 4일, 오슬로 협정을 타결시킨 이스라엘의 이츠하크 라빈 수상이 흉탄에 맞아 사망한 것이다. 20세의 청년인 이갈 아미르가 범인인데, 그는 재판에서 "나에게 총의 방아쇠를 당기게 한 것은 2000년 이상 된 유대민족의 이 땅에 대한 사랑이다"라며 무죄를 주장했다. 결국 라빈 수상은 이스라엘과 평화협상을 타결 짓고 암살당한 이집트 사다트 대통령의

이츠하크 라빈 이스라엘 수상

뒤를 이은 것이다.

총 3단계로 이루어진 오슬로 협정은 1단계의 '선행 자치'를 시작으로 자치가 시작된 지 5년 후에는 3단계인 '최종적인 지위 교섭'을 위한 협상이 예정되어 있었다. 즉 1999년 5월이 팔레스타인 국가의 수도 문제, 팔레스타인 영토가 될 가자와 서안지구에 들어와 있는 유대인 정착촌 문제, 1948년 이후 발생한 팔레스타인 난민의 귀환 문제 등 가장 민감한 문제들을 위한 협상이 이루어져야 했다. 물론 이 협상이 순조롭게 타결되면 팔레스타인 국가의 선포가 이루어지는 것이다.

1999년 5월 이스라엘 수상 선거에서 강경파인 벤야민 네탄야후를 밀어 내고 평화파인 에후드 바락이 당선되면서 최종 협상의 타결을 위한 서광이 비추는 듯싶었다. 2000년 뉴 밀레니엄의 시작과 함께 3단계의 '최종적인 지위 교섭'에 대한 협상이 본격화되었지만 진전이 없었다. 답답함을 느낀 것은 이스라엘 수상 바락과 중재자인 미국 대통령 클린턴이었다.

바락은 국내 지지율 하락과 연립정권 균열로 반드시 협상을 타결지어야 하는 막다른 골목에 몰렸다. 클린턴은 자신의 임기가 마무리되는 2001년 1월까지 어떻게든 교섭을 마무리짓고 역사에 이름을 남기고 싶었을 것이다. 8년의 임기 내내 경제 호황으로 인기를 누린 클린턴은 임기 막바지에 터진 폴라 존슨, 모니카 르윈스키를 비롯한 섹스 스캔들로 인해 인기가 바닥을 쳤다. 클린턴은 1979년 이집트-이스라엘 평화조약을 중재한 카터 대통령의 흉내를 냈고, 중동 갈등의 핵심인 이스라엘-팔레스타인 문제를 멋지게 해결하고 불미스런 섹스 스캔들을 만회하고 싶었을 것이다. 아울러 중동 평화의 진전을 이룬 사람에게 따라오는 노벨 평화상을 수상하며 미국 대통령 임기 마지막의 대미를 장식하고 싶었을 것이다. 실제로 1979년 평화조약의 당사자들인 미국 카터 대통령, 이집트 사다트 대통령, 이스라엘 베긴 수상이 모두 노벨 평화상을 수상한 바 있다.

바락과 클린턴의 요청대로 2000년 7월, 캠프 데이비드에서 2주일간 합숙을 하며 오슬로 협정의 3단계 협상이 진행되었다. 클린턴의 행동은 카터와 모든 것이 비슷했지만 알맹이인 결과만큼은 달랐다. 카터 대통령과는 달리 사심이 많았기 때문일까? 조급한 바락과 클린턴은 아라파트의 요구를 놀랄 만큼 수용했지만 아라파트는 더 많은 것을 요구했다. 바락과 클린턴은 "이스라엘 측이 역사적인 양보를 했지만 아랍 측이 그것을 받아들이지 않았다"며 교섭 실패의 책임을 아라파트에게 돌렸다.

아랍 측 역시 교섭 실패에 반발하였고, 이로 인해 서로 불신감만 깊어졌다. 1994년 미니 자치를 시작으로 2000년에는 팔레스타인 독립국가가 세워질 것이란 기대감에 잔뜩 부풀어 있던 팔레스타인 아랍인들은 절망했다. 그리고 이 절망감은 언제 다시 '인티파다'로 점화될지 모르는 폭풍전야의 상황으로 발전했다. 이런 상황에서 거의 모든 것을 양보하고도 협상을 타결 짓지 못한 평화파의 바락 수상을 조롱이라도 하려는 듯 강경파인 리쿠드당 당수 아리엘 샤론이 예루살렘 성전산에 있는 알-악사 사원을 자신의 호위부대를 이끌고 방문했다. 협상의 최대 걸림돌이던 예루살렘 성전산의 주권 문제를 비웃기 위한 의도였는지 모르지만 마치 그 땅이 자신의 소유물이라도 되는 듯 '시찰'한 샤론의 행동은 가뜩이나 성난 팔레스타인 아랍인의 눈에 명백한 도발 행위로 비쳐졌을 것이다.

결국 팔레스타인 아랍인들은 돌을 던지며 항의했고 이것은 1987년 가자(Gaza)에서 일어난 인티파다에 이은 2차 인티파다를 점화한 불씨가 되었다. 이후 시내 버스와 유명 카페, 피자 집, 대학 도서관 등에서 폭탄 테러, 자살 테러 등이 연이어 일어났고, 이것은 본격적인 인티파다가 시작됐음을 알리는 것이었다. 그리고 인티파다는 지금도 '진행형'에 있다.

| 에필로그 |

평화롭게 공존하는
그날을 기대하며

　나는 1500여 년 이슬람 역사의 발자취를 좇는 긴 여정의 '출발점'을 7세기 초 아라비아 반도에서 시작된 이슬람의 발흥 시점으로 잡고, '종착점'을 지금도 진행 중에 있는 팔레스타인 아랍인의 2차 인티파다 발발 시점으로 잡았다. 어찌 보면 오늘날 우리가 중동 관련 외신에서 심심치 않게 듣게 되는 이야기들이 빠지게 된 아쉬움도 있다.
　2000년에 시작되어 지금도 진행형에 있는 2차 인티파다는 이것만으로도 족히 한 권 분량의 전문 서적이 될 것이다. 그만큼 이스라엘-팔레스타인 문제는 오늘날 중동 문제의 핵심을 이루는 복잡하고도 전문적인 주제다. 애초부터 이 책의 목적은 현대의 인티파다에 대한

좁고 전문적인 주제보다는 이슬람 역사의 전반적인 흐름을 이해하려는 데 있었다.

현대 국가 이스라엘의 탄생과 이로 인해 불거진 4차의 중동전쟁, 유대인과 팔레스타인 아랍인의 갈등 문제는 쉽게 건드릴 수 없는 '뜨거운 감자'로 불린다. 마치 요즘 우리나라 정치계에 뜨거운 화두인 '세종시 문제'와도 비견된다. 중간의 회색지대 없이 '찬성' 아니면 '반대'밖에 없고, 어느 것 하나를 주장했다가는 반드시 반대편으로부터 불화살 같은 비난과 공격을 감수해야 한다.

이스라엘과 팔레스타인 문제도 그렇다. 모호한 회색지대란 존재하지 않으며, 오로지 이스라엘 편이냐, 팔레스타인 편이냐의 편가르기만 있을 뿐이다. 그리고 여차하면 '친이스라엘'이니, '반유대주의'니, '친팔레스타인'이니 하며 공격 당하기 십상이다. 팔레스타인 지역과 이스라엘 지역에서 사역하는 분들 사이에도 이 문제만큼은 쉽게 공감이 이루어지지 않는다.

제3자 입장에서 중동 갈등의 핵, 더 나아가 전 세계 분쟁의 핵이라 할 수 있는 이스라엘-팔레스타인 문제를 어떻게 바라보아야 할까?

이 문제에 대한 최선의 해결책을 도출해 내는 것이 가능할까?

유대인과 팔레스타인 아랍인이 평화롭게 공존하는 것은 과연 가능한 일일까?

간단치 않은 이 문제들에 대한 해답은 독자들의 고민에 맡기고, 나는 에필로그에서 이스라엘-팔레스타인 문제를 이해하는 데 있어서 몇 가지 중요한 질문과 그에 대한 답을 제시함으로써 이 책을 마무리하려고 한다. 때로 도발적으로 보일 수 있는 이 질문들에 대한 역사적인 사실과 이스라엘-팔레스타인 양측의 입장을 비교 분석하는 것만이 좁은 이스라엘(또는 팔레스타인) 땅에서 평화적인 공존을 모색하는 두 민족의 상황을 이해하는 지름길이 되리라 믿기 때문이다.

Q: 이스라엘은 언제부터 '팔레스타인'으로 불리게 되었는가?

A: 1948년 이스라엘이 건국되기 전까지 국제 사회에서 그 지역은 '팔레스타인'이란 이름으로 불렸다. 이것은 주후 2세기에 일어난 유대인들의 봉기와 관련이 있다. 당시 로마의 속국으로 있던 유대 국가는 주후 132~135년에 로마에 대항해 봉기를 일으키지만 무참하게 진압되었다. 이 봉기는 유대인들이 로마에 대항해서 일으킨 세 번째 봉기였고, 봉기를 간신히 진압한 하드리아누스 황제는 이스라엘 땅을 '팔레스티나'(Palestina)로 개명하고 유대인과 이스라엘 땅에 대한 관련성을 최소화하고자 했다. 이후 이스라엘 땅은 '팔레스타인'이란 이름으로 불리게 되었다.

Q: 팔레스타인 사람은 누구이며 팔레스타인 땅에는 역사적으로 독립된 아랍국가가 존재한 적이 있는가?

A: '팔레스타인 사람이 누구인가?'의 문제는 이스라엘-팔레스타인 문제를 이해하는 중요한 포인트에 해당한다. 흔히 팔레스타인(Palestine) 사람을 성경에 나오는 '블레셋'(Philistine) 민족과 동일시하는 경우가 있는데 이는 아마도 발음의 유사성에서 기인하는 듯하다. 블레셋 민족은 주전 12세기경 크레타 섬에서 이주해 온 해양 민족이다. 오늘날 팔레스타인 사람은 주후 7세기 아라비아 반도에서 이슬람교가 탄생하고 정복전쟁이 시작되면서 이주해 온 아랍인들이다. 즉 성경의 블레셋 민족은 유럽인, 오늘날 팔레스타인 사람은 아랍인으로서 인종적으로 전혀 다르다.

16세기부터 오스만 터키가 지배해 오던 광활한 중동 지역은 1차 세계대전에서 오스만 터키가 독일을 중심으로 한 동맹국에 가담하고 패전국이 되면서 영국과 프랑스의 식민지로 분할된다. 이후

요르단, 이집트, 시리아, 레바논이 분할 독립되고 그 사이에 남게 된 지역이 소위 '팔레스타인'이다.

'팔레스타인 사람'은 팔레스타인 지역에 남게 된 아랍인들을 가리킨다. 이들은 7세기 이후 이곳에 정착한 이래로 자신들의 정체성을 '시리아를 중심으로 한 아랍인'으로 여기며 살아왔다. 이것은 1차 세계대전이 끝난 후 소집된 파리 평화회의에 파견할 팔레스타인 대표를 선출하기 위해 모인 자리에서 채택된 결의문에서도 확인할 수 있다.

"우리는 팔레스타인을 시리아의 일부로 여기며 그곳은 한 번도 분리된 적이 없다. 우리는 민족적, 종교적, 언어적, 자연적, 경제적, 지리적인 면, 즉 모든 면에서 하나다."

하지만 1948년 이스라엘 건국과 함께 몇 차례 이어진 중동전쟁에서 주변 아랍 형제국들의 배신을 눈으로 확인하면서 이들은 '팔레스타인 아랍인'으로서 자신의 정체성을 다시 확립하게 된다.

역사적으로 팔레스타인(이스라엘) 지역에는 독립된 아랍국가가 존재한 적이 없다. 이것은 아랍계 미국 역사가로서 프린스턴 대학 교수인 필립 히티(Philip Hitti)에 의해서도 확인된다.

"There is no such thing as 'Palestine' in history, absolutely not."

Q: 1948년 이스라엘 건국은 유럽에서 이주한 유대인들이 1800여 년간 그 땅에 살고 있던 아랍인들의 땅을 강탈해서 이루어진 것인가?

A: 이스라엘 건국을 지지하는 입장에서는 아브라함과 맺은 언약과 예언서에 언급된 이스라엘 땅의 회복과 관련된 말씀을 근거로 내세운다. 하지만 성경의 내용을 부정하는 입장과 인정하더라도 해석을 달리하는 사람들도 의외로 많다. 이런 경우는 이스라엘 건국 당시의 역사적 상황을 살펴보는 것이 어느 한쪽에 치우치지 않는

객관적인 이해를 하는 데 도움이 될 것이다.

1890년대 시온주의 열풍이 불면서 유럽의 유대인들이 본격적으로 이주해 오기 전 팔레스타인의 상황은 어떠했는가? 1860년대에 팔레스타인을 여행한 미국의 소설가 마크 트웨인의 기록은 당시의 상황을 잘 보여 준다.

"목자들이 밤에 양 떼를 지키고 천사들이 노래하던 거룩한 땅에는 더 이상 살아 있는 생명체가 없다. 황폐한 팔레스타인 땅에는 맹수와 살그머니 숨어 있는 여우만이 고독의 침묵 속에서 잠을 잔다."

유대인들의 이주가 있기 전 팔레스타인 땅은 한마디로 메마른 사막과 말라리아가 창궐하는 늪지로 덮인 황무지였다. 이것은 인구 통계를 통해서도 확인되는데, 1882년에 28만 명이 살던 팔레스타인 땅은 1995년 756만 명으로 증가했다. 28만 명 가운데 유대인이 3만 4,000명을 차지한 것을 볼 때 유대인들은 성지 이스라엘과의 연관성을 꾸준히 지속해 온 것을 알 수 있다.

늪지와 사막으로 버려진 팔레스타인 땅이 개발되고 지금과 같은 농업 천국으로 바뀐 것은 1890년대 유럽의 유대인들이 본격적인 이주를 시작하면서부터다. 유대인들은 유럽 유대인 가운데 최대 부호인 로스차일드 가문의 '유대 민족기금'을 통해 땅을 구입해서 농업 정착촌을 만들었다. 아랍의 대지주들은 낙후된 팔레스타인 땅을 벗어나 주로 카이로, 다메섹, 베이루트와 같은 대도시에 살았는데, 유대인들이 팔레스타인에 있는 사막과 늪지로 버려진 자신들의 땅을 매입하자 경쟁적으로 가격을 올렸다. 1944년 기준으로 중동의 비옥한 토양이 에이커당 110달러에 거래될 때 팔레스타인의 불모지가 1,000달러에 거래된 것을 보면 당시의 개발 열풍과 함께 팔레스타인에 땅을 소유한 아랍 지주들이 엄청난 폭리를 취한 것을 알 수 있다.

이런 상황들은 사우디아라비아 메카의 태수인 후세인과 그의 아들 파이잘을 비롯한 아랍 지도자들이 유대인들의 팔레스타인 이

주를 왜 환영했는지 이해하게 해 준다. 이들은 선진 기술을 갖춘 유럽의 유대인들이 이주해 옴으로써 팔레스타인의 지역 경제가 소생할 것을 기대한 것이다.

아랍 지도자들의 기대는 현실로 나타났는데 고용의 기회가 생기고 봉급 인상과 함께 삶의 수준이 올라가자 많은 아랍인들이 팔레스타인으로 이주해 왔다. 1차 세계대전 당시 팔레스타인 거주 아랍인들의 80%는 소작농으로서 당시 '기회의 땅'으로 부각된 팔레스타인으로 이주해 온 것이다. 이런 역사적 사실에 비추어 볼 때 당시의 상황을 이렇게 정리할 수 있다.

첫째, 유대인들은 1890년대 시오니즘 열풍이 불면서 팔레스타인으로 이주해 오기 전부터 수천 년 동안 성지 이스라엘에서 살아왔다. 흔히 주후 70년 성전이 무너진 후 모든 유대인들이 팔레스타인에서 추방된 것으로 알지만 유대인들은 성지에서 계속 살아왔

다. 9세기, 11세기에는 상당한 번영을 누렸고, 12세기에 유럽의 십자군이 예루살렘을 침공해 올 때도 유대인들은 아랍인과 함께 싸웠다. 1864년 기록에 의하면, 예루살렘 총 인구 1만 8,000명 가운데 아랍인은 5,000명, 유대인은 9,000명, 나머지는 다양한 종파의 기독교인으로서 유대인이 가장 많았다.

둘째, 1948년 건국 이전에 팔레스타인에 거주하던 아랍인의 상당수는 그곳에서 수천 년 동안 살고 있던 정착민이 아니라 1890년대 유럽에서 이주해 온 유대인들과 함께 '고용과 기회의 땅'으로 알려진 팔레스타인 땅으로 이주해 온 아랍인들이다.

셋째, 유대인들은 아랍인의 땅을 강탈한 것이 아니라, 정상적인 절차를 따라 매입했으며 매입가는 당시의 이주와 개발 열기로 인해 10배 가까운 비싼 값이 지불되었다. 마이클 코메이(Michael Comay)는 1948년 영국이 물러날 당시 팔레스타인 땅의 9%가 유대인 소유, 3%가 아랍인 소유, 17%는 버려진 땅, 71%는 영국의 위임통

치령에 속하다가 이후 이스라엘에 양도된 땅이라고 밝히고 있다.

Q: 1948년 이스라엘 건국과 함께 발생한 팔레스타인 난민들의 귀환권은 보장되어야 하는가?

A: 팔레스타인 난민은 1948년 이스라엘의 건국과 이후 발발한 중동전쟁으로 인해 팔레스타인 지역을 떠나 인근 아랍 지역으로 피신해야 했던 팔레스타인 아랍인을 가리킨다. 1947년 11월 29일, 팔레스타인 지역을 유대국가와 아랍국가로 분할하는 유엔 결의안이 통과될 당시 81만 명의 아랍인이 팔레스타인 땅에 거주했다. 이듬해 5월 14일 이스라엘이 건국을 선언하고 5월 15일에 아랍 연합국이 이스라엘을 침공해 오면서 1차 중동전쟁이 일어났다.

전쟁 발발로 65만 명(유엔은 47만 명으로 봄)의 팔레스타인 거주 아랍인들이 인근 아랍국으로 피신하고 16만 명은 피신하지 않고 남았다.

이스라엘-팔레스타인 평화 협상에서 중요한 쟁점 중 하나가 난민들의 귀환 문제다. 제3자 입장에서는 난민의 귀환은 당연한 권리로 보일 수 있지만 당시의 상황을 살펴보면 이것 역시 그리 간단한 문제가 아니다.

첫째, 1차 중동전쟁 발발로 인해 팔레스타인 난민뿐 아니라 유대인 난민도 발생했다. 팔레스타인 난민 문제에 비해 유대인 난민 문제는 일반인들에게 거의 부각되지 않았지만 팔레스타인 난민 문제를 이해하려면 반드시 유대인 난민 문제를 알아야 한다. 이스라엘 건국으로 촉발된 아랍 연합국의 공격은 이미 수세기 동안 아랍국에서 살아온 유대인들의 강제 추방으로 이어졌다. 아랍국의 유대인들은 '잠재적인 배신자'로 여겨져 추방되었는데 그 숫자는 65만의 팔레스타인 난민을 능가하는 81만 명이나 되었다.

둘째, 팔레스타인 난민과 유대인 난민의 성격이 다르다는 것이다.

팔레스타인 난민의 상당수는 강제로 쫓겨난 것이 아니라 스스로 인근 아랍국으로 피신한 것이다. 전쟁이 임박하자 아랍국은 라디오 방송과 전단지를 통해 이렇게 알렸다.

"폭탄은 아랍인과 유대인을 구분하지 못한다. 안전을 위해 2주간만 집을 떠나 있을 것을 부탁한다. 당신들은 승리자가 되어 돌아올 것이다."

흔히 이스라엘이 건국과 함께 팔레스타인 거주 아랍인들을 강제로 추방한 것으로 알려져 있지만 당시 이스라엘의 군사력은 간신히 방어적인 전쟁만 가능했고 이들을 추방할 정도로 강하지 못했다. 반면, 주변 아랍국 내에서 쫓겨난 유대인 난민들은 대부분의 재산을 강탈당하고 강제 추방되었다. 이들은 아랍국 내에서 점증하는 반유대주의로 인한 폭동과 생존의 위협에 직면했고 결국 강제 추방의 운명을 맞은 것이다.

셋째, 이스라엘과 아랍국이 이후에 난민 문제를 해결하는 데 있어

서 전혀 상반된 태도를 취했다. 아랍국에서 쫓겨난 81만의 유대인 난민 가운데 59만 명이 가난한 신생국가 이스라엘로 이주했고 이스라엘은 이들을 흡수함으로써 유대인 난민은 이스라엘 사회에 완전 동화되었다. 반면 팔레스타인 난민들은 아랍의 형제국에서 배척당했고 80% 이상이 여전히 난민촌에 거주하며 유엔의 난민기금으로 연명하고 있다.

넷째, 팔레스타인 난민 문제의 부각은 역설적으로 아랍 형제국들의 배신을 보여 준다. 팔레스타인 아랍인은 1·2차 세계대전을 거치며 인위적으로 형성된 국경과 함께 팔레스타인 지역에 남게 된 아랍인들이다. 19세기 말까지 중동은 지금과 같은 국경이 없었고 모든 아랍인은 한 형제라는 정체성으로 살아갔다. 하지만 아랍 형제국으로 피신한 팔레스타인 난민들은 자신들을 배척하는 형제국의 배신을 경험해야 했고, 유엔으로 떠넘겨진 팔레스타인 난민 문제가 지금까지 지속적으로 부각되고 있는 것이다. 이것은 이스라엘

이 유대인 난민을 흡수 동화시킴으로써 오늘날 유대인 난민 문제가 거의 잊혀지고 있는 것과 좋은 대조를 보인다.

이런 이유로 인해 이스라엘은 평화 협상에서 팔레스타인 난민 문제를 협상의 안건으로 올리기를 단호히 거부한다. 이스라엘의 주장을 요약하면 다음과 같다.

1. 건국 당시 작고 가난한 나라였던 신생국 이스라엘이 59만의 유대인 난민을 흡수했다면 640배나 영토가 더 넓은 아랍국은 왜 65만 명의 팔레스타인 난민을 흡수하지 못하는가?
2. 유대인 난민이 아랍국에 두고 온 재산은 팔레스타인 난민이 이스라엘에 두고 온 재산의 5배에 달한다. 그 강탈한 재산으로 팔레스타인 난민들을 자국민으로 충분히 흡수 동화시킬 수 있지 않은가? 엄청난 오일 달러로 인해 수억 달러를 테러리스트 지원에 사용하면서 팔레스타인 난민 지원에는 왜 고작 수천만 달

러밖에 쓰지 않는가?
3. 유대인 난민은 수천 마일을 피해서 이스라엘로 왔고 언어도 새롭게 배워야 했다. 팔레스타인 난민은 바로 인접한 아랍국으로 갔고 언어도 같아 흡수 동화가 훨씬 쉽지 않은가?

유엔 난민 구호의 대표였던 랠프 갤러웨이(Ralph Galloway)는 팔레스타인 난민 문제를 이렇게 말한다.

"아랍국가들은 난민 문제를 해결하기를 원치 않는다. 그들은 그 상처를 그대로 방치한 채 그것을 유엔 앞에 내보이며 이스라엘에 대항하는 무기로 사용하기를 원한다. 아랍국가의 지도자들은 난민들이 사는지 죽는지에 대해서는 관심이 없다."
쿠웨이트에 살고 있는 팔레스타인 출신 아랍인 *하니피 유네스*는 이렇게 말한다.
"유대인들이 우리를 누구보다 잘 대해 준다. 그들의 민주주의적 이상이 우리를 보호해 준다. 그러나 아랍국 안에서 우리는 하등생물처럼 취급 당한다."

| 참고문헌 |

《팔레스타인 그 역사와 현재》
다테야마 료지 지음, 유공조 옮김, 가람기획, 2002

《이슬람》
이희수·이원삼 외 지음, 청아출판사, 2005

《지도로 보는 중동 이야기》
고야마 시게키 지음, 박소영 옮김, 이다미디어, 2006

《중동사》
김정위 지음, 대한교과서주식회사, 2008

《우리 곁에 다가온 이슬람》
유해석 지음, 생명의말씀사, 2009

《아랍인의 눈으로 본 십자군 전쟁》
아민 말루프 지음, 김미선 옮김, 아침이슬, 2004

《케임브리지 이슬람사》
프랜시스 로빈슨 지음, 손주영 옮김, 시공사, 2006

《코란》
김용선 역주, 명문당, 2008

《로마 멸망 이후의 지중해 세계》
시오노 나나미 지음, 김석희 옮김, 한길사, 2009

《이슬람과 유대인 그 끝나지 않는 전쟁》
마크 A. 가브리엘 지음, 4HIM 옮김, 글마당, 2009

《동방 기독교와 동서문명》
김호동 지음, 까치, 2009

《팔레스타인 현대사》
일란 파페 지음, 유강은 옮김, 후마니타스, 2009

《우리 손이 피로 물들었나이다》
마이클 L. 브라운 지음, 김영우 옮김, 알돌기획, 1994

《이스라엘의 산들》
노마 아취볼드 지음, 오숙희 옮김, 사랑의메세지, 2006

《중동의 평화에 중동은 없다》
노암 촘스키 지음, 송은경 옮김, 북폴리오, 2005

《한 권으로 보는 이집트 역사 100장면》
손주영·송경근 지음, 가람기획, 2001

《가로세로 세계사 - 중동편》
이원복 지음, 김영사, 2007

《유대민족사》
맥스 디몬트 지음, 김재신 옮김, 크리스챤 다이제스트, 1997

《지도로 보는 세계사》
조르주 뒤비 지음, 채인택 옮김, 생각의나무, 2006

Myths and Facts
Mitchell G. Bard, American Israeli Cooperative Enterprise Inc., 2002